门球入门与提高180问

柳万春
吴永宏 著

人民体育出版社

前言

在全民健身运动日益纵深发展的今天，现代门球是颇受人们欢迎的一种具有广泛群众性的运动项目，特别是中老年人群更为青睐。为了推动我国现代门球运动迅速健康发展，从1985~2004年，经国家体委审定，对门球竞赛规则和裁判法曾经进行了八次修订、补充。通过修订，在体现我国门球运动特点的同时，力求与国际接轨。

为帮助广大门球运动爱好者了解我国现代门球运动的发展历程，掌握门球竞赛规则和裁判法的前后修订、补充和变化，以便弃旧换新、转变观念、统一认识、化解分歧，以利于门球运动的开展，本书从竞赛实践中提炼出在执裁时经常遇到的问题，以答问的形式进行了解答，其中有的还介绍了按过去的规则该怎么判罚而现今改为怎么判罚，使读者全面完整地理解门球竞赛规则和裁判法。本书还介绍了若干运用战略战术的实例供参考，为创新战略战术而抛砖引玉。

本书具有较强的资料性、实用性、针对性，是广大门球裁判员、教练员、指挥员、运动员的必备读物与常识手册。

本书绘图标志解读

1. 用圈码圈上球号表示 X 号球。例如，

①②③……⑩

2. 球过门、撞柱得分的符号。例如，

……⑤、⑥……
已过一门，得 1 分

……⑤、⑥……
已过二门，得 2 分

……⑤、⑥……
已过三门，得 3 分

……⑤、⑥……
已撞柱，得 5 分

（**注**，本书中有的绘图，只为说明诠释正文服务的，故未标明过门、撞柱得分和球的运动轨迹、击球次数，例如，图 12、26、27、28、35、36、40、41、42……）

3. 球门（前）（后）及终点柱

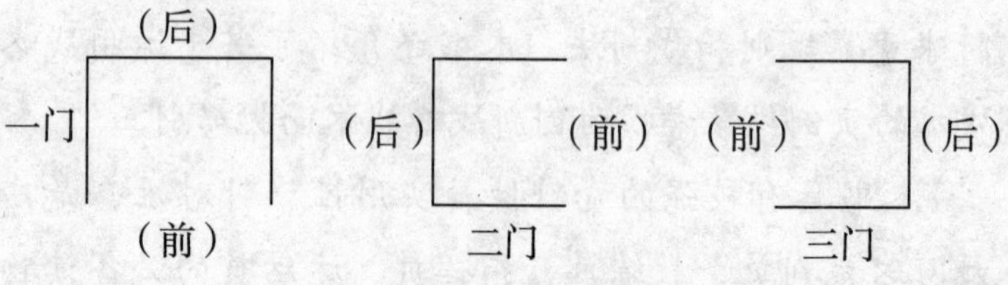

终点柱 •（在场地四个角对角线的交叉点上）

4. 执杆击球及次数

在球的一侧用 T 标记，表示本图第 1 个执杆击球。例，⑧^{T}。以〈 〉号中间写上数字，表示执杆击球次数。

5. 球的运动轨迹表示

（1）撞击球。例，①球撞击②球① ⟶ ②

（2）撞击终点柱。例，已过三门的⑨球撞击终点柱⑨ ⟶•

（3）击自球过门。例，击⑥球过三门　T⑥ <1> ⑥

（4）擦边他球及主击球（执杆球）落位。例，执杆②球擦边④球，落位到③球附近

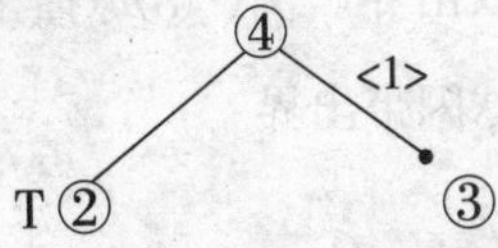

（5）场内平地双杆球。例，⑤球撞⑦球又碰⑧球

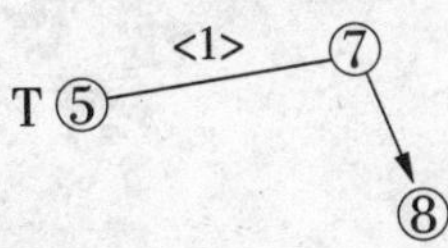

（6）过门双杆球。例，⑦球在三门前过门撞击⑥球，获过门双杆

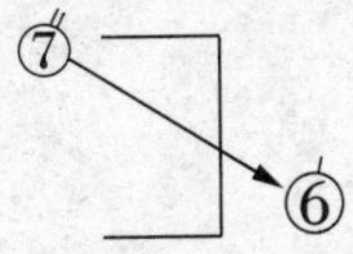

（7）闪送球。例，③球撞击⑤球，将⑤球闪送给⑧球

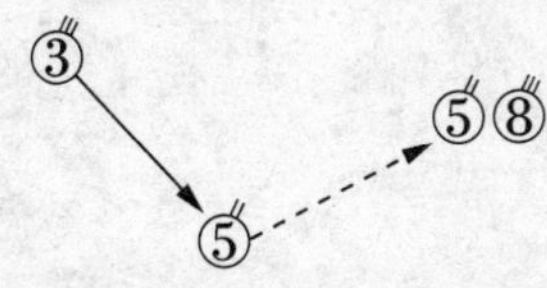

（8）使用双杆。例，⑥球打成②、④眼镜球双杆，将②、④球闪送给⑧球，然后使用双杆过三门

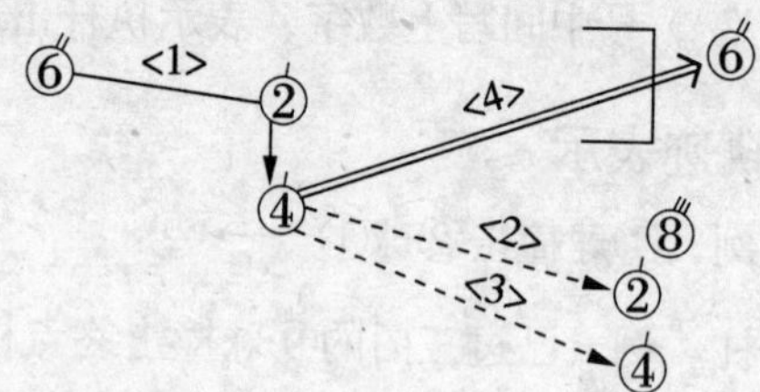

（9）球压比赛线。例，③球进场压线

（10）闪带对方球双双出界。例，⑧球撞击①球，以①球为炮弹将⑦球、①球闪带出界

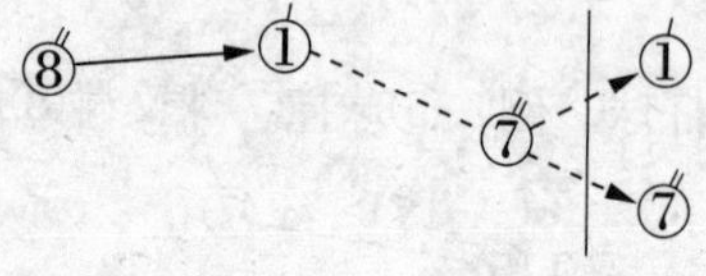

目 录

1. 我国现代门球运动是从何时开始，
怎样起步的？如今发展状况如何？…………（1）
2. 我国是于何时参加世界门球联合会
和亚洲门球联合会的？…………………………（2）
3. 从国家体委1985年出台的《门球竞赛规则》
和1990年制定的《门球竞赛裁判法》，
至今都历经了哪些次修改？……………………（2）
4.《1990-1993门球竞赛规则》与原
《门球竞赛规则》相比有何改进？…………（3）
5. 1992年8月，国家体委对《1990-1993
门球竞赛规则》和《门球竞赛裁判法》
部分条文进行了哪些修改？……………………（4）
6.《1994门球竞赛规则》《1994门球
竞赛裁判法》有何特点和新的规定？………（5）
7.《1994门球竞赛规则》和《1994门球
竞赛裁判法》刚刚执行两年，为什么
于1996年又进行了部分条文修改？
是本着什么原则进行修改的？…………………（8）
8. 1996年的“修改条文”对门球规则
和裁判法部分条文的修改有哪些内容？……（8）

9.《1999 门球竞赛规则裁判法》新修订的与比赛、执裁关联紧密的主要条款有哪些？…………………（14）
10. 2004《门球竞赛规则裁判法》有何特点？有哪些新规定？有哪些更改变化？………（19）
11. 在比赛中，教练员、指挥员、运动员、裁判员都应熟知和掌握的执裁要点有哪些？…………………………………（22）
12. 如何解释下列描述球的状态和击球员动作行为的名词？………………（23）
13. 如何理解有效比赛行为、无效比赛行为？…………………………………（25）
14. 哪些时间是裁判员用时？…………………（25）
15. 如何理解有效移动、无效移动？…………（26）
16. 门球规则对门球比赛场地的规定，前前后后都有哪些修改变化？……………（26）
17. 门球规则对起始线、起始区、开球区的规定都是怎样变化的？…………（28）
18. 门球规则对球槌的规定有何变化？………（28）
19. 比赛场内的三个球门、终点柱的规格和位置都是怎样规定的？…………（29）
20. 何谓待机区、替换席？……………………（29）
21. 一门前允许临时移开他球的区域是怎样规定的？……………………（30）
22. 一支球队由哪些人员组成？领队是否算球队成员？…………………（31）

23. 球队的每位成员在比赛现场，
可能以哪几种身份出现？……………… (31)
24.《04规则》对教练员和队长的职责，
都是怎样确定的？……………………… (31)
25. 怎样举行比赛入场仪式？…………… (32)
26. 临场指挥由谁担任？
指挥的地点在何处？…………………… (33)
27. 比赛时，参赛队员的等待位置是怎样
规定的？击球员不在距自球最近
的比赛线外等候，该如何处理？………… (33)
28. 门球规则对指导犯规是怎样规定的？…… (34)
29. 何谓弃权、拒绝比赛、非法上场？
该如何判处？…………………………… (34)
30. 在什么情况下允许缺员比赛？………… (35)
31. 当实行缺员比赛时，对其留在
场内的球该怎样处理？………………… (35)
32. 比赛中，出现哪11种情况，
击球员可以请求裁判员确认？………… (36)
33. 如何判定某一场比赛的胜负？………… (37)
34. 如何进行同分决胜期？………………… (37)
35. 三轮未过一门，失去该场参赛资格的队员，
当同分决胜时，可否参加？…………… (38)
36. 已获满分的队员是否参加同分决胜？…… (38)
37. 被替换下场的队员能否
参加同分决胜？………………………… (39)

38. 何谓击球员？击球员的击球权
从何时开始，到何时结束？………………（39）
39. 何谓正当击球、击球成立？何谓
不正当击球、击球不成立？………………（39）
40. 不正当击球有哪些？………………………（40）
41. 何谓推球?何谓连击？ ……………………（41）
42. 关于球的临时移开和临时固定，
《04 规则》是怎样规定的？ ………………（41）
43. 击球员怎样自行临时移开
被撞击又为密贴的他球？…………………（42）
44. 场上该轮及某号上场队员进场击球，
当裁判员还没呼号时，他就进场
又击了球，该怎样判处？…………………（42）
45. 击球时，是否允许平整场地？……………（42）
46. 在什么情况下，才能获得续击权？
怎样计算续击权的次数？…………………（43）
47. 击球员的闪击权与续击权
是如何获得与失去的？……………………（44）
48. 何谓“在获得闪击权之前击球”
犯规？………………………………………（44）
49. 何谓“成功闪击后，在获得续击权前击球”
犯规？………………………………………（45）
50. 门球规则对“10 秒逾时”犯规
是怎样规定的（如何计算 10 秒
逾时犯规的起止时间）？ …………………（45）

51. 在裁判员数“10秒”的同时将球击出，
是否算“10秒逾时”？…………………（46）
52. 裁判员采用什么方法，可以确认
击球员是否“10秒逾时”犯规？………（46）
53. 该过二门或三门的自球，重复撞击处在
二、三门球门线上的他球，他球被顶
撞过门，随之自球也通过二门或三门，
自球、他球过门是否有效？自球
算不算双杆球？……………………………（47）
54. 何谓重复撞击与非重复撞击，
对重复撞击如何判处？……………………（47）
55. 球槌打到门柱或终点柱，间接地
移动了他球，该怎样判定？………………（48）
56. 击球时，自球撞上了有贴门球的门柱，
使贴门球移位，该怎样判处？自球
又是该过这个门的球，碰门柱后，
还过了门，又该怎样判处？………………（48）
57. 为什么本书第55题间接移动球
为犯规，而第56题也是间接
移动球就不犯规？…………………………（48）
58. 用槌头击球面击到球门柱，而使压在
球门线上的门前球被振动越过了球门线，
该怎样处理？………………………………（49）
59. 闪击他球时，将他球碰撞到球门柱上，
而使另一个贴靠在门柱上，该过门的
压线球被振动过了门，该怎样判处？……（49）

60. 怎样理解《04 规则》所规定的
球槌间接移动球为犯规?……………………（49）
61. 怎样依据《04 规则》的条款，理解由于
正当击球而直接或间接使贴靠在门柱
或终点柱的球移动，均是有效移动?……（50）
62. 为什么由已过三门球触碰终点柱，
从对面间接使已过三门的贴柱球移动，
不算满分? …………………………………（51）
63.《04 规则》第 29 页说明中规定：
“……自球撞击球门或终点柱后，
间接使他球产生移动，他球移动无效，
自球移动有效。”而本书第 56 题也是
自球撞上了有贴门球的门柱，使贴
门球移动，就为“有效移动”，
这岂不是矛盾吗?…………………………（51）
64. 如何理解“击球员同时对多个他球
进行闪击”为闪击犯规，如何避免?……（52）
65. 当年一门战术的兴起情况如何?…………（53）
66. 一门战术能够发挥哪些威力和作用?……（53）
67. 一门战术有何弊端?………………………（54）
68. 如何纠正一门战术存在的弊端?…………（54）
69. 一门战术是否已经不存在了?……………（55）
70. 自球通过一门后，撞击了一个他球，
然后自球出界，自球通过一门是否有效?
该怎样判处?…………………………………（56）

71. 击自球过一门后，直接撞上一个他球，
而他球被撞出界了，自球却停留在场内，
该怎样判处?…………………………（56）
72. 自球通过一门撞上一个他球不为双杆球
这一规定是怎么来的?………………（56）
73. 球过一门有哪些特殊规定?…………（57）
74. 界外球进场，有哪些特殊规定?……（58）
75. 击中终点柱有哪些特殊规定?………（58）
76. 对闪击时放球的位置，与终点柱、
比赛球、球门线有何关系?…………（59）
77. 以什么为标准衡量球是否压线?
是属于门前球，还是属于门后球?
是否算过门?…………………………（59）
78. 球滚出比赛线后又滚回压在比赛线上，
球通过球门线之后又滚回压到球门线上，
各算什么球?…………………………（60）
79. 如何理解“闪击过程中造成自球
或他球的移动”为无效移动?………（60）
80. 将闪击的全过程可以分解为
几个时间段?…………………………（61）
81. 对闪击过程中，各个不同时间段的犯规，
都应该怎样处理自球与他球?………（61）
82. 门球规则对指示方向的规定，
前后有何变化?………………………（62）
83. 从何时起取消了放弃击球
（闪击、续击）的规定? ……………（62）

84.《04 规则》对击球员在闪击过程中
允许有哪些行为?……………………………(63)
85. 闪击过程中的犯规，在什么情况下
不判处自球放到比赛线外?………………(63)
86. 闪击过程中的犯规，在什么情况下
要将他球放在放球位置?…………………(63)
87. 闪击时，出现反弹球会有几种情况?
都该怎样判处?……………………………(64)
88. 自球打成双杆后，击球员当闪击第一个
对方他球时，同时将对方另一个应该
闪击的他球带出界外，该怎样判定?……(65)
89. 闪击时，自球离开脚下，
该怎样处理?………………………………(65)
90. 闪击击球时，槌头击球面打到踩球脚上，
自、他球均未离开脚下，应如何处理?…(65)
91. 在边线附近闪击，闪击完成后，抬脚时，
将自球滚动出界，应该怎样判处?………(65)
92. 闪击他球碰撞到球门柱或终点柱等
障碍物后，他球反弹回来与自球距离
没超过 10 厘米时，该怎样判定? ………(65)
93. 闪击时，被闪击的他球，将另一他球碰撞
过门或撞击终点柱，该怎样判定?………(66)
94. 击界内已过三门的自球，碰撞了
有贴柱球的终点柱时，该怎样判处?……(66)
95. 已过完三门的自球，撞击一个他球后，
又自行接连撞柱，该怎样判处?…………(66)

96. 已过完三门的自球，先撞击终点柱，
然后又碰撞到贴柱球（已过完三门），
该怎样判处？……………………………（67）
97. 已过三门的自球，撞击已过三门的他球，
他球撞柱，自球也随同撞柱，
该怎样判处？……………………………（67）
98. 已过三门的自球，将已过三门的他球
撞击撞柱获满分，该如何判定自球？……（67）
99. 自球撞击他球后，由于他球的滚动，
将另一个已过三门的他球撞柱，
该怎样判处？……………………………（67）
100. 有个已过三门的界外球进场后，
贴靠在终点柱上，执杆自球闪击
另一个他球时，另一个他球撞到
终点柱上，该如何判处？ ………………（68）
101. 有一个获得双杆权的自球，用头一杆
瞄向终点柱，即把停在终点柱附近的
一个已过完三门的他球撞柱而获满分，
那么，自球还有没有第二杆续击权？…（68）
102. 自球撞击两个他球，形成双杆，
但其中有个球在滚动时撞上终点柱
而获满分，该怎样判定自球？ …………（68）
103. 界外球打入界内，撞上球门柱或终点柱，
从而振动了靠在门柱或终点柱的他球，
该怎样判处？ ……………………………（69）

104. 击自球撞柱获满分，是否必须由击球员自己将球拿到界外，否则按犯规处理？…………………（69）
105. 何谓“妨碍比赛”？…………………（70）
106. 某位参赛队员擅自到场内参与比赛事宜，指点说话，甚至移动球位，是否犯规？……………（71）
107. 何谓“触球犯规”？ …………………（71）
108. 自球撞击他球后，当自球还在滚动时，就拿起已经停稳的他球，这是属于触及滚动球，还是属于触及静止球，该怎样判定？…………………（73）
109. 击球员击自球时，自球碰到终点柱或门柱后，反弹回来又碰到击球员的脚或球槌，该怎样判处？……………（73）
110. 自球通过一门时，碰撞了一个他球后过门，自球停留在场内，击球员在奔向自球时，脚又碰动了另一他球，对这种现象该如何判处？……………（73）
111. 自球撞击一个他球，这个他球又碰撞了另一个他球，当另一个他球还没有停稳时，击球员就将被撞击的已停稳的他球捡起，是否犯规，该怎样判处？…………………（74）

112. 自球撞击他球后，拿起他球，
将他球脱手落地，重新拿起，
或者球脱手落下碰到脚上或
另一他球上，应该怎样判处？…………（74）
113. 触球犯规时，应该怎样判处？…………（74）
114. 有哪些情况要判处将自球放到界外？…（75）
115. 如何处理比赛中断、延期及停止？……（75）
116. 计时台宣布“比赛时间到”，
主裁又呼号，是否有效？………………（76）
117. 裁判员在执裁中，触碰了场内的球，
怎么办？…………………………………（76）
118. 裁判工作的八字方针是什么？…………（76）
119. 裁判员在执裁工作中的
五项配合原则是什么？…………………（76）
120. 常用的基本比赛方法有几种？…………（77）
121. 何谓循环赛？……………………………（77）
122. 何谓淘汰赛？……………………………（77）
123. 请举例说明，如何编排循环赛
各轮的比赛场次？… ……………………（77）
124. 何谓一轮？何谓一场？…………………（78）
125. 怎样计算循环赛的轮数与场数？………（79）
126. 如何掌握循环赛的抽签原则？…………（79）
127. 安排循环赛日程表时，
应注意满足哪些要求？…………………（80）
128. 请举例说明，如何编排淘汰赛？………（80）
129. 怎样计算淘汰赛的轮数与场数？………（82）

130. 如何掌握淘汰赛抽签原则？ ……………（83）
131. 在编排淘汰赛位置表时，如何采用“抢号”和“附加赛”的方法？…………（83）
132. 怎样查看、填写循环赛的成绩表？ ……（85）
133. 循环赛怎样计算成绩、排列名次？ ……（86）
134. 进行门球技术基础功底习练，应以哪些项目为重点？ ……………………（87）
135. 怎样才能打好自球过门？ ……………（88）
136. 撞击球应掌握哪些技能要领？ …………（89）
137. 对远距离撞击他球或远冲过门，都应掌握哪些技术要领？ ……………（90）
138. 打好擦边球的技术要领有哪些？ ………（91）
139. 闪击球应掌握哪些技能要领？ ………（92）
140. 配置双杆球需要掌握与运用哪些技巧？ …………………………………（93）
141. 打成双杆球要求击球员具备哪些技能技巧？ …………………………（94）
142. 击送球到位有何重要作用？应掌握哪些技术要领和战术原则？ …………（94）
143. 何谓技巧球？技巧球都有哪些？ ………（95）
144. 一门留球有何作用？有何规律可以遵循？ ……………………（96）
145. 当球过一门后，直接冲二门时，会出现几种情况？ …………………（103）
146. 什么是王牌球？怎样孕育、形成王牌球？怎样防止对方出现王牌球？…………（104）

147. 在练球时，从执杆过一门，
到撞击终点柱，最佳成绩
可以击球几次？每次击球
应达到的目标效果是什么？……………（108）
148. 撞顶与擦边相结合的打法是什么？……（109）
149. 如何提高在同一次执杆
击球过程中的效果？……………………（110）
150. 当己方球出现险情时，该怎么办？……（112）
151. 如何抓住战机扭转局势？………………（114）
152. 试问轮及1号执杆，②号球处于界外，
①、③号球处在二门前，都是该过二门，
运用什么打法能够做到3号执杆时，
①、③号两个球既过了二门
又能过了三门？ ………………………（117）
153. 在二门或三门前，当己方撞击到一个
邻近下手该过这个门的友球时，
是闪送过门好，还是留在门前
让它打个过门双杆好？ ………………（118）
154. 在己方球势出现燃眉之急的
情况下，可否用己方友球
将对方球闪带出界？ …………………（119）
155. 如何协助己方滞后球，
把比分迅速赶上来？ …………………（121）
156. 自球在一次执杆中，如何才能
创造出高比分呢？ ……………………（124）

157. 用对方上位球闪带处于边线的
对方下位球，是否有害处？ …………（125）
158. 当自球撞击一个他球后，自球与另一个
未被撞击的他球相距仅有1厘米远，
处在这种情况下，当自球闪击
被撞击的他球时，怎样才能
不触动未被撞击的他球，
从而如愿完成闪击任务呢？……………（127）
159. 在什么情况下，可以发挥
闪顶技术的作用？………………………（129）
160. 可否利用对方球？怎样利用？
有哪些用法？……………………………（131）
161. 怎样做到吃球与得分相结合？…………（138）
162. 在己方远号下手球具备了安全无患
的条件时，该怎样发挥其作用？………（140）
163. 主击球进行阶梯式的两次擦边，
其成功的关键在哪里？…………………（142）
164. 留下对方的远号下手球有何弊端？……（144）
165. 同一场球，如果运用另一种打法，
完全可以得出另一种结果吗？…………（146）
166. 为什么必须体现以破坏对方为主
的战术原则？……………………………（149）
167. 后拖时间可以采取哪些手段？…………（151）
168. 前抢时间可以采取哪些手段？…………（152）
169. 击球员闪送王牌球应该怎样
选择落位点？……………………………（153）

170. 在什么情况下，适合打擦上顶球？……（155）
171. 在什么情况下，适合打跳顶球？………（155）
172. 比赛中，有哪些表现是属于操之过急，
应该引以为戒？…………………………（156）
173. 对于闪带对方球，有哪些情况
值得注意？………………………………（161）
174. 怎样选择闪送对方球出界的方向？……（163）
175. 当比赛临近最后5分钟时，
指挥员应该如何对待战局？……………（165）
176. 正当红球执杆时，比赛时间即宣告结束，
而白方必然还有一杆球，为什么对这个
下一号的将要执杆白球不能忽视？……（170）
177. 如何爱护与发挥保护球的作用？ ……（172）
178. 一次执杆击球，是否存在
几种不同的打法？………………………（175）
179. 采取什么手段，能够较长时间地
钳制住对方球？…………………………（177）
180. 怎样识记界外球？………………………（182）

1. 我国现代门球运动是从何时开始，怎样起步的?如今发展状况如何?

我国现代门球运动始于 1983 年，通过民间交往的形式，由日本传入我国。是年 5 月，日本“门球使节团”来到北京访问，在北师大二附中举行了欢迎仪式，日本友人向我们传授了门球技艺。年底，日本的“机组门球爱好者”又到上海访问交流座谈。由此，现代门球运动开始进入到我国。

嗣后，为了推进门球运动，适应门球运动的形势发展需要，我国做了一系列开创性的工作。1985 年国家体委群体司在上海举办“全国门球训练班”，培训骨干。接着，在上海松江县又举办了全国老年人门球邀请赛，为我国门球运动的兴起拉开了帷幕。为了使门球比赛走向正轨，裁判统一，提高技战术水平，有利于门球运动的健康发展，国家体委于 1985 年制定了《门球竞赛规则》，1986 年在河北省石家庄市举办了第一届全国老年人门球比赛。国家体委于 1987 年 8 月，正式成立中国门球协会，为门球事业的日益发展奠定了组织基础。

迄今，中国门球运动已经走过了二十多年的路程，我国已拥有 500 万门球人口，6 万多个门协组织，门球场地遍及城乡。每年都有全国性正式比赛。如，全国中老年门球赛、全国门球锦标赛、全国少年儿童门球赛、全国百城市门球赛等。而各省、市、县地方举办的比赛更是经年不断。从 2004 年起，门球运动已

定为全国体育大会的正式比赛项目。2005年我国首次举办了中国门球冠军赛，经过各分赛区选拔有86支球队，近千人参加总决赛的角逐，设置6万元人民币高额奖金。中国门协与世界门协、亚洲门协沟通，每年都有赛事往来。中国门球运动正朝向国际化、市场化方向迈进。

2. 我国是于何时参加世界门球联合会和亚洲门球联合会的?

中国门球协会代表中国，是于1989年8月正式参加世界门球联合会，于1991年5月参加亚洲门球联合会的（这两个“门联”都是在日本东京成立的）。

3. 从国家体委1985年出台的《门球竞赛规则》和1990年制定的《门球竞赛裁判法》，至今都历经了哪些次修改?

国家体委于1985年制定了《门球竞赛规则》，在实施过程中，到1989年进行了四次订正、补充、修改，在此基础上制定了《1990-1993门球竞赛规则》，随后，于1990年制定了《门球竞赛裁判法》。由于门球运动迅速发展的需要，为了有利于提高技术战术水平，1992年8月，国家体委对《1990-1993门球竞赛规则》和《门球竞赛裁判法》进行了修改，下发了《部分修改条文的通知》。在此基础上，根据《国际门球竞赛规则》，结合我国门球运动的实际情况，经国家体委审定，从1994年开始，又在全国范围内实施新

修改的《1994门球竞赛规则》和《1994门球竞赛裁判法》。在这"两法"实施之后，中国门球协会于1996年1月1日又下发了经国家体委审定的《关于对1994年〈门球竞赛规则〉和〈门球竞赛裁判法〉部分条文修改的通知》（从1996年4月1日起开始施行）。

在执行实施《1994门球竞赛规则》《1994门球竞赛裁判法》和《1996修改条文》基础上，1999年9月，中国门球协会参照国际门球竞赛规则，对《1994门球竞赛规则》和《1994门球竞赛裁判法》又进行了一次修订。经国家体育总局审定颁布实施，出版了《1999门球竞赛规则裁判法》一书，此书包括了规则和裁判法两部分（从1999年9月起执行）。

为了促进我国门球运动的普及与提高，便于国际交流，2004年12月，中国门球协会又正式出台了以国际门球竞赛规则为蓝本而修订的《2004门球竞赛规则裁判法》（国家体育总局社会体育指导中心审定）。

4.《1990-1993门球竞赛规则》与原《门球竞赛规则》相比有何改进？

《1990-1993门球竞赛规则》与1985年的《门球竞赛规则》相比，其用语更为准确了，概念更为清晰了，界限也更分明了。同时，还补充了一些款项。例如，对第十六条击球、第十九条闪击、第二十条闪击的规定、第二十一条闪击犯规、第二十二条重复撞击犯规，都增加了新的内容。

5. 1992年8月，国家体委对《1990-1993门球竞赛规则》和《门球竞赛裁判法》部分条文进行了哪些修改?

对竞赛规则的修改有七点。

(1)场地增设自由区(在限制线外两米以内的区域)。

(2)取消队员说话参与指导犯规。

(3)取消闪击前不指示方向犯规。但闪击球出界，按“应该”要求指示方向，以便于裁判员及时到位处理球。如果没有指示方向，也不为犯规，裁判员可以提示。

(4)取消双重放弃犯规。即允许撞击后，同时放弃闪击和续击，或连续放弃闪击和续击；撞击后，自、他球相距不超过10厘米，不允许放弃闪击。

(5)取消平整场地犯规，但要有10秒逾时犯规要求。

(6)改变了界外球入场犯规后的放球位置。

①界外球击入场内又出界，视为场内球出界，将球放在出界点的比赛线外10厘米处。

②界外球击入场内直接或间接移动了场内的球，判界外球进场犯规。他球放回移动前的位置，自球放在距犯规地点最近的比赛线外10厘米处。

(7)明确了“10秒逾时犯规”的裁判要求。

①击球员在10秒到时的同时击球，是合法击球，超过10秒再击球，即为10秒逾时犯规。

②裁判员计算 10 秒，采取默记方法，默记到 8 秒时，提醒击球员，报告“8 秒”，9、10 两秒不再提醒，超过 10 秒即判罚。

对裁判法的修改有五点。

（1）采用主、副裁判员交换制。

比赛中，主、副裁判员的职责，可以根据实际情况互换，即根据场上实际需要，谁距离次一击球员近，就由谁到位观察、判定，充当主裁判员。

（2）增设一名记分员。

（3）更改了裁判员执裁“撞击”“出界”的手势。

（4）规定了替换队员的方法。

（5）明确了举行入场仪式时主裁、副裁、司线员、记分员所处的位置。

6.《1994 门球竞赛规则》《1994 门球竞赛裁判法》有何特点和新的规定？

《1994 门球竞赛规则》和《1994 门球竞赛裁判法》是在总结原竞赛规则、原裁判法和 1992 年的“部分修改条文”的基础上，意在向国际门球竞赛规则的新版本倾斜、靠拢，结合我国门球运动的特点、实际情况而制定的。可以说，是原规则、原裁判法的修订本。它的特点源于新的规定，从新规定的条款中可以体现出来。

（1）为击球员提供方便条件，使其能够充分发挥技艺水平。

《1994 门球竞赛规则》第二十九条第 4 款规定：

"击球员认为一门前有妨碍过门的球，可以向裁判员提出要求，临时移开。"第三十二条第4、5、9款规定："撞击他球后，出现有碍拾起被撞他球时，分辨不同情况，可以要求裁判员给临时移开或临时固定另一他球。"第二十五条第3款规定："击球员认为界外球妨碍击球时，可以向裁判员提出要求，临时移开。"这样就为击球员正常地发挥技艺水平，从规则上提供了方便条件。第三十三条还新规定了闪击时允许的事项。其中所列的6个款项，都是属于进行闪击前的预备动作，不作为犯规，放宽了对击球员的要求。因而，使击球员有可能进入闪击过程，为充分发挥闪击技能技巧提供了机会。

（2）条款更加精细，界限分明，便于掌握规则，便于执裁。

《1994门球竞赛规则》第二十八条第3款规定："球门线是指连接两门柱后沿的直线。"更改了原规则的规定："每个球门两立柱间的连线叫球门线，线宽1厘米。"（见《1990-1993门球竞赛规则》第四条）。由于门球线变细了，便有利于避免裁判上的差错，出现争执。《1994门球竞赛规则》第十八条和《1994门球竞赛裁判法》第五章，明确了什么人是击球员，什么人不是击球员，只有击球员才有犯规，非击球员（指参赛队员、教练员）除"妨碍比赛"犯规之外，不存在其他犯规问题。《1994门球竞赛规则》第二十一条第1、2两款，又明确了什么属于合法击球（由于合法击球或闪击击球，使球产生移动，为有效），什么属于不合法击球（由于不合法击球或闪击击

球，使球产生移动，为无效)。《1994 门球竞赛裁判法》第五章，对零散在“规则”中有关条款的犯规，判处“将自球拿出界外”，共有四种情形都归纳到此，使其更明确。

以上这些涉及执裁的依据性条款，“是”与“非”的界限，区分得明确，便于掌握。

(3)规定了具有制裁性的条款，以保证比赛的顺利进行，有利于净化赛场风气，强化精神文明建设。

《1994 门球竞赛规则》第十一条、第四十八条、第五十一条，《1994 门球竞赛裁判法》第三章八，规定了对“妨碍比赛”判罚的有关款项。《1994 门球竞赛规则》第四十二条规定了对球队违例：弃权、拒绝比赛、非法上场三项判罚的款项。

通过这些具有权威性的规定，以促进参赛者自觉地遵守竞赛规则，使比赛达到公平竞争、增进友谊、互敬互学、有益身心健康的目的。

(4)调整了教练员与队长间的分工，以强化球队的平时教学与训练，提高球队的整体素质。

《1994 门球竞赛规则》对教练员与队长间的分工，做了调整。第十条规定了队长的权利与义务。将原来教练员负责场上的具体工作，统由队长执行。教练员要集中精力负责球队平时的教学与训练，提高球队员的技艺水平、心理素质、战术意识。比赛现场的指挥可以由教练员亲自担任，也可以由教练员委托本队某一参赛队员担任，称为临场指挥员。

教练员对每场比赛要负责做出技战术的全面部署，

赛后负责总结讲评。

（5）放宽了可以放宽的规定，为门球活动的开展创造方便条件。

《1994门球竞赛规则》对比赛场地的长度与宽度，由原规定的大（25米×20米）、小（20米×15米）两种，现在改为在规定的限度之内，可以伸缩，即长为20~25米，宽为15~20米。修建球场是开展门球活动的物质基础，这样就便于"因地制宜"地解决场地的问题了。

7.《1994门球竞赛规则》和《1994门球竞赛裁判法》刚刚执行两年，为什么于1996年又进行了部分条文修改？是本着什么原则进行修改的？

由于门球运动的不断发展，世界门球联合会于1995年对《国际门球竞赛规则》和《门球竞赛裁判法》（裁判实施要领）作了部分修改，并增加了一些新的内容和补充说明。因而本着我国的门球运动既要尽可能朝着国际门球竞赛规则靠拢、接轨，又要体现我国门球运动特点的原则，进行了这次部分条文的修改。通过这次修改有针对性地解决了我国门球运动中存在的具有普遍性的问题，从而促进了我国门球运动的技战术水平的提高。

8. 1996年的"修改条文"对门球规则和裁判法部分条文的修改有哪些内容？

对《1994门球竞赛规则》的修改，有以下两个方面的内容。

(1) 更改的条款。

①将起始线更改为起始区。即取消了原规则“击球员将球放在起始线外沿击球通过一门”的规定，现改为“进一门球，自球必须放在起始区内进行击球，压线击球为击球犯规”。

②槌头的长度更改为18~24厘米之间，形状似直筒形（即一般为圆柱形或近似圆柱的单一形状）。槌头两端平面直径为3.5~5厘米之间。柄长为50厘米以上（也可以使用有角度的柄，以连接槌的中心）。重量与材质暂不限。

③对《1994门球竞赛规则》第三章第二十二条进行修改，原来的规定是，“击球员除在闪击中允许的触球外，击球员的身体及携带物触及比赛线内的球或裁判员放置的界外球，为触球犯规”，现在改为：“击球员除在闪击中允许的触球外，击球员的裤角、衣袖及脱手落下的球、槌触及球时，判为触球犯规。”如果身上携带的物品及帽子等落下触及球时，不为触球犯规（要求队员不要携带容易离开身体及与比赛无关的物品上场）。触球犯规的处理方法，仍按《1994门球竞赛规则》第三章第二十二条执行。

④原先的各竞赛规则，都规定了击球员可以要求放弃击球（包括续击和闪击），现废除这一规定，更改为不准击球员“放弃”击球（包括闪击成功的续击），不准“放弃”闪击。取消《1994门球竞赛规则》第三十四条。

⑤《1996修改条文》新规定，由于“妨碍比赛”而被取消队员比赛资格后，实行缺员比赛。缺员队员的场内球，仍留原处。而其他球在正常运行中与之发生的撞击、闪击、进门、撞终点柱得分等均有效，但当其成为出界球时，则直至比赛结束仍为出界球。

⑥原竞赛规则规定：自球通过一门后，撞上一个他球为双杆球，现在取消这一规定，更改为撞击一门后的球不成立。自球通过一门后，撞上一个他球，自、他球均停在比赛线内，不作为双杆球。自球通过一门成立，并有一次过一门的续击权。将被撞击的他球恢复原位，击球员进行续击时，允许重新撞击该球，撞击成功后，必须进行闪击。自球进一门，如果撞击他球后，自球出界，通过一门不成立；如果自球停在比赛线内，而被撞击的他球出界，自球过门（得分）成立，将被撞击出界的他球放回原位；如果自球过门后，同被撞击的他球一起出界，自球通过球门不成立，将被撞出界的他球放回原位。

（2）补充或重申的条款。

①注明了“妨碍比赛”的定义：即妨碍比赛是指其言行干扰或影响裁判员根据“规则”和“裁判法”正常工作，以及损害参赛对方的利益，致使比赛不能顺利进行。

②判定队员或教练员“妨碍比赛”时，要由主裁判员视情节轻重而判处。分为五个档次：“一、取消轮及的击球员的击球权；二、将被判罚者的球放置于最近的比赛线外；三、判过门、撞柱的得分无效；四、

取消犯规队员的比赛资格；五、取消参赛队的比赛资格。”前三点是对原规则规定的重申，后两点是新增加补充的。

③在《1996修改条文》的“修改依据及说明”中，对“妨碍比赛”的判罚，还做了具体说明：对一般“妨碍比赛”言行，先予以警告，如不接受警告或再次出现时，主裁判员有权判罚；对性质恶劣的“妨碍比赛”言行（如谩骂、殴打裁判员等）不必予以警告，可直接判罚，由主裁判员立即向裁判长报告，建议取消犯规队员或该队的比赛资格。

④对击球时的击空动作，如何裁定，依据我国实际情况，作出了统一规定：击球是指击球员用槌头端面击打静止的自球。但正式击球时，击空或只击打到地面（或草坪），而未击上自球，也作为击球完成。击球时，先触及地面或草坪再击到自球，仍为正当击球。击球前的空摆、试挥杆不作为击球。正式站位瞄准击球时（最后一次出杆）打空，空摆、试挥杆只打到地面或草坪等，作为击球完成。

⑤对闪击和闪击过程二者有何不同，从概念上作出了区分。对闪击过程中各时间段的犯规，如何处理，也作了说明。

闪击是指放球后（放球后是指将拾起被撞击的他球第一次置于脚踩自球旁或同时脚踩自、他球），利用击打自球的冲力，使他球移动（振出他球）。

闪击过程及其有关动作，是指从击球员击打自球撞击他球后，自、他球均停稳，捡拾他球开始，到放球闪

击，再到闪击后踩球的脚离开自球为止的整个过程。

闪击时的犯规，自球拿出界外，放在最近比赛线外的10厘米处，他球放在放球处（紧靠自球的位置）。

闪击过程中的犯规，按《1994门球竞赛规则》第三章第三十五条有关规定处理。

⑥放置已过三门的球贴上终点柱，并进行闪击时，撞柱得分不成立，不为犯规，形成的局面成立，仍有续击权。

⑦把被撞击的他球放在界外进行闪击，为闪击犯规。他球放回撞击后的位置，击球权结束。

⑧在比赛中，对裁判员的宣判有异议时，应由队长在事发的当时，提出询问，且以裁判员的回答为结束，不得再次追问。

（3）新增加的条款。

①过一门的同一号球，三轮未过门者，该号球和该号队员即失去继续参加该场比赛资格。从第四轮起，该队则缺号比赛，直至该场决出胜负，比赛结束。

这项新的规定在《1996修改条文》中还指出：暂在全国性和省、直辖市、自治区以及计划单列市、行业系统一级的正式门球比赛时试行。省、区、市和计划单列市以下一级的比赛不受此限。

②撞击他球后，如自、他球成接触状态，或自、他球都紧贴球门柱终点柱时，应先踩自球后，再捡拾他球、放球，进行闪击，否则，为触球犯规。

③出现下列三种情况时，击球员可以请求裁判员确认：A. 自球与他球是否成接触状态；B. 自球或他球

是否与门柱、终点柱紧贴；C. 压在球门线上的球，是门前球还是门后球。一经击球员请求发问，裁判员便要立即予以确认，并告知本人。

④新规定了队员及教练员的权利与义务。有六条，即“一、队员及教练员必须领会、遵守正式《门球竞赛规则》；二、队员及教练员必须服从裁判员的判定；三、队员及教练员不仅对裁判员，而且对参赛对方队员、本方队员以及观众，必须讲求礼仪，树立良好的体育道德风尚；四、队员及教练员不得有为掩盖本队犯规行为和有意影响裁判员判定的言行；五、队员及教练员必须避免以拖延比赛时间为目的的行动；六、教练员及队长必须对全队成员的言行负责。”

对《1994 门球竞赛裁判法》的修改有以下几方面。

（1）补充或重申的条款。

①当总记录台宣布“比赛时间到”的信号与场上主裁判员的呼号同时出现时，主裁判员呼号有效。

②裁判员从计时起，到“8 秒”时，必须向击球员报告“8 秒”，超过 10 秒，还未击球或闪击击球，即判为“10 秒逾时犯规”。

③比赛结束后，主裁判员认为比赛无异议时，可直接宣布比赛结果（由记录员统计的分数），不必先由记录员报出每人的得分数（如队员有疑问时，主裁判员再请记录员报出个人得分）。

（2）新增加的条款。

①教练员（或队员）专任临场指挥员时，必须在规定的待机区内指挥；上场队员（包括教练员兼队员）

指挥时，必须在离自球最近的限制线外指挥，并不得干扰或延误比赛（即非上场队员指挥，都在待机区，上场队员指挥，在自球界外附近）。省、直辖市、自治区以及计划单列市、行业系统以下一级的比赛不受此限制。应大力提倡指挥员与上场击球员的默契配合，少跑动，不喊叫，互为尊重，赛出风格，赛出水平。

②对裁判员失误的处理，仍按《1994 门球竞赛裁判法》第五章第二十一条执行。现增加“如错误处理球时，必须及时（迅速）纠正。如下一号击球员进场并击了球，则不再纠正。形成的局面成立，比赛继续进行”。

9.《1999 门球竞赛规则裁判法》新修订的与比赛、执裁关联紧密的主要条款有哪些?

（1）常用的名词术语有更改。

起始区改为开球区，待机区改为替换席，槌头端面改为击球面，击球顺序表改为击球顺序名单，有效、无效改为成立、不成立，合法、不合法改为正当、不正当，滚动、晃动改为动态。

（2）在《总则》中，确定了利益均等的原则。

明确规定：双方在条件、机会、权利等方面都应均等。从而便于裁判员在执裁中，对移动了球位、投机取巧现象给以限制，做到公正裁决。

（3）球队的组成。

强调“场上必须有 1 名队长，在左臂上佩戴标志，无队长时，不能比赛”。

（4）明确了“替换的规定及犯规的处理”。

①每场比赛可有两次替换。

②替换下场的参赛队员不得再参加该场比赛，替换时不准替换击球员（即在场上仍有击球权的参赛队员）。

③上交击球顺序名单后的替换，即为正式替换。

④违反本款规定时，令犯规者退场，被移动球放回原位。

（5）队长的权利和义务。

明确了“队长的职责是管理本方队员，对其一切言行负责，保证比赛的正常进行”一款，又增加了“不得有掩盖犯规和影响裁判工作的行为”一款。

（6）妨碍比赛。

明确规定了对妨碍比赛行为的处理办法。

主裁判员有权对妨碍比赛的行为责任者，根据情节轻重，依据规则、规程、赛会的临时规定作出处理。处理的档次分为：

①警告。

②停止击球或同队下一号参赛队员的击球权。

③判击球员的球为界外球。

④取消该号队员的比赛资格（缺员比赛），其球在场上状态不变。

⑤取消该号队员该场的所有得分（其球取出场外）。

⑥取消全队该场比赛的资格和所有得分，判对方获胜。

（7）比赛结束。

在比赛进行中，若红队5名参赛队员都已满分

时，白队还有1次击球权，击球结束后，再宣布比赛结束；若正赶上白队的轮及队员已满分，或为界外球，缺员比赛时，则当即宣布比赛结束。

若白队在比赛中，首先都已满分时，则当即宣布“比赛结束”。

（8）击球、触球。

①确定了击球的新概念：击球是指击球员用击球面击打静止的自球，使球产生动态为正当击球，除此以外的击球为犯规。规定了击球允许的动作：击球过程中，击球面先触及地面或草坪再击到球为正当击球。

②对击球权结束的时间确定为：击球员击出的球无过门、无撞击、球出界、满分或犯规时，击球权即告结束。

③10秒犯规：补充规定，在比赛中即或裁判员忘报“8秒”，而击球员在事实上已经超过10秒时，裁判员可以直接判定逾时犯规。

④具体阐述了何谓推球、何谓连击。

⑤又重新确定了击球员的身体、携带物触及场上的球，为触球犯规。

⑥取消了隔球门或终点柱的间接触及静止球犯规，把被移动的球放回原位。例如，界外球击入场内碰撞球门、终点柱间接移动了贴靠在门柱或终点柱上的球，不为犯规。再如，击球员由于击球或闪击球而触及了门柱或终点柱，间接移动了贴靠在门或柱上的他球，不为犯规。

（9）通过一门。

①必须将自球放在开球区内，也可以压线击球，不为犯规。球的投影在开球区线外为犯规。

②自球通过一门后，撞击并占据他球位置时，先将他球恢复原位，再把自球放在运动轨迹上，靠近在他球的后方。

（10）闪击。

①强调了“向界外闪击时，踩球前必须指示方向”，而不是“应该指示方向”。

②规定把他球放在比赛线外闪击为犯规，判自球为界外球，他球放在自球的位置。而闪击出的他球，经撞球门、终点柱或另一他球反弹回来触及了击球员的脚，为触及滚动球犯规，判自球为界外球。

③取消了撞击后，自、他球相距较近，可先踩自球后拾他球的规定，新规定先拾后踩。

（11）撞击终点柱。

①作了一个特殊规定。击球员摆放被撞他球与终点柱成接触状态时进行闪击，只为一次正当闪击行为。例如，把已过三门的他球贴柱闪击，则是撞柱不得分。

②确定了撞柱的新概念。经正当方式使已过三门的球，在运动过程中，触及终点柱为撞柱。按照这个定义，便取消了已过三门的球贴靠终点柱，当另一未过三门的球从对面撞了终点柱移动了贴柱球为撞柱获满分的规定。即贴柱球不算撞柱，不得分。

（12）对弃权、拒绝比赛、非法上场三项违规，均判对方获胜。按 20:0 处理（个人得分视为

5+5+5+3+2）。

（13）胜负的判定。

对同分决胜期比赛的程序增加两项：①在以单双号一个对一个按顺序通过一门仍未决出胜负时，由裁判员在开球区内，另行指定放球位置通过一门，决出胜负。②如果仍未决出胜负时，由主裁判员临时决定胜负办法。

（14）裁判员。

①临场裁判员改由主裁判员、副裁判员、记录员各1名组成，司线员可根据情况酌定。

②主、副裁判员都有权按规定精神，对规则中无明文规定的问题，作出临时决定。

（15）裁判员手势。

“准备完毕”手势改为直臂经前上举，拳心朝前。见图1。

图1

10. 2004《门球竞赛规则裁判法》有何特点？有哪些新规定？有哪些更改变化？

2004《门球竞赛规则裁判法》（本书为了叙述方便以下简称《04规则》）是经充分调查研究，多方征求意见，反复推敲，从中国门球运动现状实际出发，前瞻国际门球运动发展形势的需要，最后确定以《2003年国际门球竞赛规则》为蓝本而修订的。由中国门球协会主编，经国家体育总局社会体育指导中心审定，于2004年12月正式出台。

（1）《04规则》的特点：

其特点是条款清晰，举例恰切，图例规范，语言明确，阐述透彻，界限分明，言简意赅，以纲带目。规则与裁判法二者紧密联结，构成法的纲要依据。规则在条款中相应地作了54点说明，便于大家理解掌握；在规则条款之后，又配有“附则”五项，便于各地因地制宜，为门球运动的不断发展创新提供了条件；扩大了比赛组委会的权限，全规则有6处可由竞赛组委会视情况决定。

（2）新规定的主要条款：

①重新确定了教练员的地位。

②划分了有效比赛行为和无效比赛行为。

③区分了有效移动与无效移动的界限。

④撞击成功后的密贴球由击球员自行移开，所产生的移动为无效移动。

⑤如果击球前自球已与他球密贴，只需击打自

球，自、他二球离开，即使他球未产生移动，也为撞击有效。

⑥当进行同分决胜，击球员按 1~10 号依次击球通过一门，没有决出胜负时，也可以不进行第二个程序，一对一的击球过一门。根据比赛性质，可以由组委会决定，直接判为平局。

⑦计算循环赛成绩，排列名次，采用新的更为简捷的四步计算方法。

⑧在条款之后的附则中，有“允许放弃过一门”“同一号球如三轮没有通过一门则失去比赛资格”等五项，可由各地区、各单位选择使用。

（3）更改变化的主要条款：

①球门横梁下沿距地面由 20 厘米改为 19 厘米。

②球队的组成，其中替换队员由 2 名以内，改为 3 名以内。

③对专任临场指挥的活动位置，由必须在替换席内指挥，改为在限制线外可以随球指挥。

④国内比赛弃权、拒绝比赛和非法上场均判对方队以 15:0 获胜，个人得分计 5+3+3+2+2（原规则均判对方队 20:0 获胜）。

⑤取消了原规则的临时固定。击球员可以请求裁判员给予临时移开的球还保留两项。即一门前影响过一门和在边线外附近的他球影响击球员击球的球，撞击成功后，自球与他球，或被撞击他球又与另外他球密贴，则由击球员自行移开，再进行闪击。

⑥击球员可以请求裁判员确认的范围，原规则为

3 项，新规则为 11 项。

⑦球槌击球面击打到球门或终点柱而使贴靠在门、柱的他球产生移动，为间接移动，原规则不算犯规，间接移动无效，击球员仍有击球权，现规定为触球犯规。

⑧正当击球后，球碰球门或终点柱产生振动，使原贴靠在门、柱上的他球移动，为有效移动，而原规则为移动不成立。

⑨密贴在终点柱上的已过三门的球，由未过三门的球，从对面碰柱，而使其移动，该球算满分。原规则规定：球必须朝柱的方向触及（撞及）满分才成立，离开柱的方向撞柱不成立。

⑩原规则规定：击球员的身上携带物或裤角、衣袖及掉下来的帽子触及球均为触球犯规。现规定：击球员服装边沿、衣袖、裤角或所戴帽子掉下触及球，不为犯规（但球槌或身上的携带物掉下触及到球，仍为触球犯规）。

⑪击球员可以在踩稳自球以后再捡他球，原规则规定先拾后踩。

⑫在闪击过程中造成自球或他球的移动，为无效移动，被移动的球放回原位。原规定为触球犯规。

⑬闪击后，被闪击的球碰上球门柱或终点柱，遇阻后，反弹回来静止后与自球密贴（或接触）为闪击犯规。而原规则，则视为闪击成功，裁判员将球临时移开后，可继续击球。

⑭裁判员判 10 秒逾时犯规前，一定要报“8 秒”，而原规则，裁判员没报“8 秒”时，也可以直接判

"10秒逾时"犯规。

11. 在比赛中，教练员、指挥员、运动员、裁判员都应熟知和掌握的执裁要点有哪些?

关系到准确执行门球规则和裁判法的要点有七个方面。

一是教练员是全队的统领。

二是能够准确认定、划分两个"有效与无效"，即有效比赛与无效比赛的界限、有效移动与无效移动的区别，并能应用规则条款，对这四个概念的总括，具体实施于比赛实际之中，正确解决处理各种行为。

三是熟知三个特殊规定（球通过一门、界外球进场、撞击终点柱）。

四是熟知比赛中的四个允许：（1）有2项妨碍击球时，击球员可以请求裁判员给临时移开；（2）撞击成功后，有密贴球时，击球员可以自行移开；（3）有11项击球员可以要求裁判员给予确认的球；（4）闪击过程中的6项允许行为。

五是熟知5种"自球放到界外"。

六是熟知6种犯规，及如何避免，如何判处：（1）"10秒"超时犯规；（2）击球犯规；（3）撞击犯规；（4）闪击过程犯规；（5）触球犯规；（6）妨碍比赛犯规。

七是接受新规则的新规定，并掌握运用于比赛实际之中，相应地摒弃原规则的原规定。与执裁关联紧密的，除上述的"必须报出8秒""两个有效与无效"

"11 项确认" "密贴球的处理" 等，还有以下条款：

①正当击球后，球碰球门，终点柱产生振动，使原贴靠在门、柱上的他球移动，为有效移动。

②球槌击球面打到球门或终点柱，而使贴靠在门、柱的他球产生移动为间接移动，视为犯规。

③击球员服装边沿、衣袖、裤角、所戴的帽子掉下触及球，不为犯规。

④击球员可以在踩稳自球以后，再捡拾他球。

⑤如果击球前自球已与他球密贴，只须击打自球，自、他球离开，即使他球未产生移动，也为撞击有效。

⑥当进行同分决胜，击球员按 1~10 依次击球通过一门，没有决出胜负时，也可以不进行第二个程序一对一的击球过一门。根据比赛性质，可以由比赛组委会决定，直接判为平局。

⑦国内比赛弃权、拒绝比赛、非法上场均判对方队以 15:0 获胜。个人得分计 5+3+3+2+2。

12. 如何解释下列描述球的状态和击球员动作行为的名词？

(1) 击球、撞击、闪击、闪击过程。

按规则的要求，正当击打自球为击球，击自球撞碰他球为撞击，闪击是闪击过程中的一个环节。当撞击成功了，自球与被撞他球都在场内停稳，这时便是闪击过程的开始，击球员就可以捡拾要先闪击的他球。接下来便是闪击过程中的一系列动作：踩自球、放他

球、挥杆闪击自球、抬脚，到此闪击过程完结。

（2）闪击权、续击权。

按规则的规定，当撞击成功了，击球员即获得与被撞他球同等数量的闪击权（闪击被撞他球的权利）、续击权。利用闪击权，以击打自球，发出的冲击力，将他球闪送到新的目标点。规则要求优先闪击，之后再续击。续击权即是击球员可以继续击自球的权利。利用续击权，可以撞击他球，可以击球过门或撞柱，可以将自球打向新的目标点。

（3）移动、移开、捡拾。

移动是指球的位置有所迁动。移开就是挪开，将球挪到一旁，不受其阻碍，属于平地动作。捡拾则是击球员用手将球从地面拿起来，属于由下而上的动作，是进入闪击状态的开始。

（4）触及、接触、密贴、紧贴、贴靠。

当自球触碰到了他球、门柱、终点柱时，即为触及。有了触及便是有了接触。在门球这个语言环境里接触一词的所指并不单一，用之较为广泛。它可以表达在不同的情况下，球与球、球与门柱、终点柱之间的相互状态的。彼此的接触有两种不同状态：一是二者之间紧密相挨，中间没有缝隙，或者几乎没有缝隙。这种状态表现在球与球之间，则称之为密贴，表现在球与门柱、终点柱之间，则可称之为紧贴（密贴与紧贴是同义词，都是表达靠近程度的）。贴靠在语义上是指有主有从，门柱、终点柱是静止物，为主体，球为从体，贴靠是说球紧挨在门柱、终点柱旁，中间即或

有点缝隙，但门柱、终点柱被振动时，也能使其出现移动，否则，不算贴靠。

（5）取消击球权、击球权结束。

取消击球权与击球权结束都是指停止击球，但二者性质不一样。取消击球权是由于犯规而停止击球；击球权结束是指自然停止击球。例如，撞击未中，过门、撞柱未成功，自球出界等。

13. 如何理解有效比赛行为、无效比赛行为？

有效比赛行为包括正确的比赛行为和犯规的比赛行为。这些行为都是按照门球竞赛规则的规定，由裁判员依照比赛程序、时间而呼号参赛队员（击球员）按时入场击球、闪击球，从而与对方展开较量的行为表现。球的移动可能是有效移动，成立，也可能是无效移动，不成立。每一杆球均是在裁判员监视之下，依据裁判法衡量、判断击球员的行为是属于正确有效，还是属于失误失效。比赛是在规定的时间内正常有序地进行。

而无效比赛行为则是在裁判员用时期间，没有经过裁判员的允许，不论是击球员还是其他队员而出现的各种球的移动行为，比赛不予承认，皆为无效比赛。

14. 哪些时间是裁判员用时？

裁判员用时是指裁判员处理有关比赛事项所用的时间，包括击球权结束或犯规行为发生，到下一个击球员被呼号之间的时间和裁判员用来回答队长提问所用的时间。

15. 如何理解有效移动、无效移动？

有效移动是击球员符合竞赛规则的规定，正当击球（续击、闪击）而产生的球的移动，均为成立有效。可以通俗地理解为这种移动是算数的。

无效移动的产生，其行为有多种。例如，由犯规造成的移动；由无效比赛行为而产生的球的移动；自球通过一门前（后）使他球产生的移动；界外球进场，隔门柱、终点柱间接触及他球产生的移动；界外球进场未成功，其球的移动；满分球的移动；击球员触及球门、终点柱造成他球的移动；闪击过程中，造成自球或他球的移动；还有裁判员认定的其他种种球的移动。以上这些移动皆为无效移动，也就是“不算数”，须将移动的球恢复原位。

16. 门球规则对门球比赛场地的规定，前前后后都有哪些修改变化？

1985 年国家体委制定的《门球竞赛规则》规定：比赛场地为长方形。分为大型的和小型的两种。大型的长 25 米、宽 20 米，小型的长 20 米，宽 15 米。四周的界线称为比赛线（线宽度为 2 厘米），在比赛线外的四周 1 米处再围一条线，称为限制线。

《1990–1993 门球竞赛规则》又有所补充，即明确了比赛线与限制线之间的区域，称为限制区。

《1994 门球竞赛规则》对比赛场地的面积则更改为：由比赛线标出的长 20~25 米，宽 15~20 米，在

这个限度内，划定个长方形即可，不一定非得长 20 米或 25 米、宽 15 米或 20 米，但不能是正方形。这就是说，对比赛场地的长与宽限定一个幅度，可以在这个幅度之内，视已有的土地条件，规划场地的长与宽就可以了，没有指定的要求。场地应为略带沙的土地或草坪，地面平整，无障碍物。

《04 规则》与《1994 规则》对比赛场地的要求相同，参见图 2。

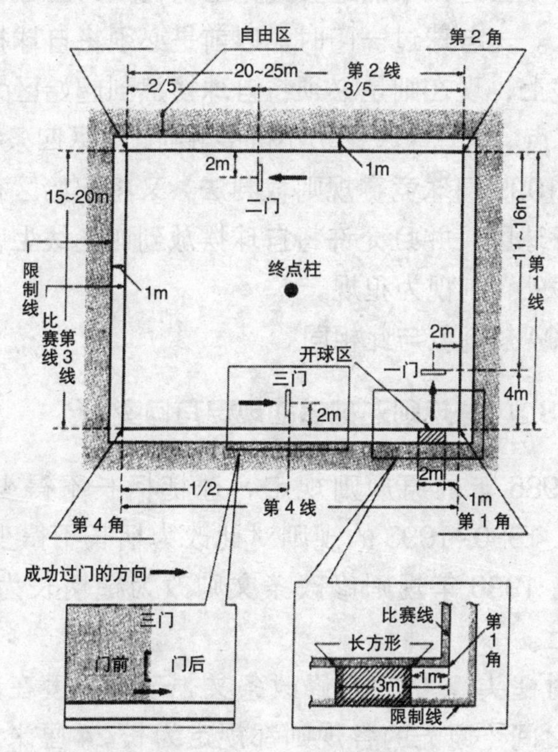

图 2 场地

说明：场地尺寸、线的宽度及颜色等由比赛组委会确定。

17. 门球规则对起始线、起始区、开球区的规定都是怎样变化的?

自从1996年4月1日执行《1996修改条文》起，已将原规则所规定的起始线改为起始区。起始线长2米，是在四线上距一角顶点1~3米之间的线段。起始区是从四线一角顶点起，向四角方向直线延伸到1~3米的两个点，再由此两个点各垂直延至限制线外沿的两个点。在这四个点连接线范围内构成的区域，即为起始区。击自球过一门时，以前是必须将自球摆放到起始线上，现在则是必须将自球摆放到起始区之内的任何一点。自球（投影）不得接触到起始区四条线上。

《1999门球竞赛规则裁判法》又将起始区称谓更改为开球区，并且允许将自球摆放到四条线上，但摆放到线外，则视为犯规。

《04规则》与此相同。

18. 门球规则对球槌的规定有何变化?

1985年的原规则规定，球槌柄长不得少于70厘米，1990~1993的规则对此改为柄长不得少于60厘米，1996年规则修改条文则改为槌柄长为50厘米以上。

对槌头，《1996修改条文》改为长度在18~24厘米之间（原先的各规则都规定为长24厘米，直径4.5厘米）；形状为圆柱形，或近似圆柱形；槌头两端平面直径为3.5~5厘米之间。重量与材质暂不限。

《04 规则》与此相同。

19. 比赛场内的三个球门、终点柱的规格和位置都是怎样规定的？

三个球门都用直径 1 厘米（±1 毫米）的圆形金属棒制成，其形状为冂状，球门横梁下沿距地面 20 厘米，两门柱内宽为 22 厘米。

一门的位置是，球门线与四线平行，其中心与一线外沿垂直距离 2 米，与四线外沿垂直距离为 4 米。

二门的位置是，球门线与一线平行，其中心与二线外沿垂直距离为 2 米，与一线外沿垂直距离为二线全长的 3/5。

三门的位置是，球门线与三线平行，其中心与四线外沿垂直距离为 2 米，与三线外沿垂直距离为四线全长的 1/2。

终点柱是用直径 2 厘米（±1 毫米）的圆形平顶金属棒制成。高出地面 20 厘米，位置在四个场角的对角线的交叉点上。

《04 规则》对此除球门横梁下沿距离地面改为 19 厘米之外，其他均与此相同，参见图 2。

20. 何谓待机区、替换席？

待机区是 1994 年的《门球竞赛规则》新规定的，它设置在比赛场地限制线外（自由区内）的两个适当地点，以不妨碍队员的活动为原则。当正式比赛时，红、白双方各占用一个（由白方先选）。待机区是专门

供给球队非上场队员，例如，替换队员、已满分队员、不直接上场参赛的教练员观看比赛和休息的场所，也是专任临场指挥员的活动区域。

省级以上的比赛都要执行这一规定。省级（不含省级）以下的比赛，由于比赛场地的所限，同时比照《1996 修改条文》（第 20 页）规定：省级以下比赛，不论是非上场队员指挥，还是上场队员指挥，指挥时所处的位置都不受此限制的规定。从现实情况看，一般都没有专设待机区。《1999 门球竞赛规则裁判法》将待机区的称谓更改为替换席。

《04 规则》将专任临场指挥活动地点改为在限制线外，可以随球指挥。

21. 一门前允许临时移开他球的区域是怎样规定的？

《1994 门球竞赛规则》规定：击球员认为一门前有妨碍过门的球，可向裁判员提出要求，临时移开。这是一条新的规定。它的区域是自开球区线的前沿两端，各向外（左右）延长 10 厘米，和一门两柱各向外延长 10 厘米，到一门后 7.5 厘米的梯形范围内，属于一门前允许移开他球的区域（图 3）。在这个

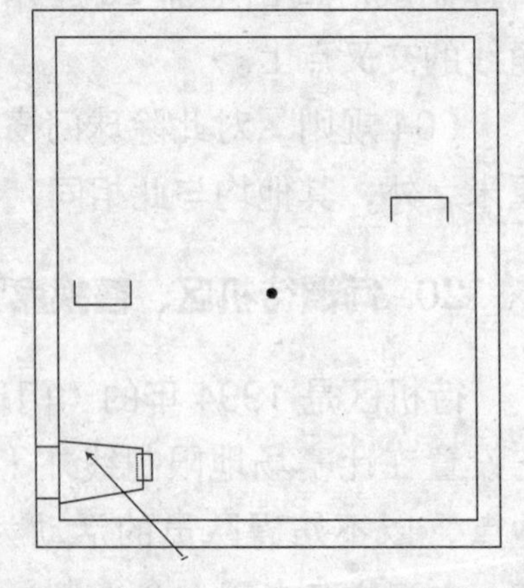
图 3　一门前允许临时移开他球区域

区域之外有他球时，则不允许移开。

《1999 门球竞赛规则裁判法》对此也有同样的规定。

《04 规则》对此则简化为：一门前（包括球门线后一个球的距离）的球，如果妨碍击球过门，经击球员申请，裁判员予以临时移开。

22. 一支球队由哪些人员组成？领队是否算球队成员？

一支球队由教练员 1 名，队员 5~8 名（其中 1 名为队长）组成。教练员如果兼任球队成员时，则包括在队员名额之内。领队属于行政领导，不包括在球队成员之内，如果兼任球队成员时，则包括在球队成员之内。

23. 球队的每位成员在比赛现场，可能以哪几种身份出现？

在比赛的全过程中，处在不同的情况下，将可能以下列八种身份出现：教练员、临场指挥员、队长、参赛队员、击球员、替换队员、满分队员、被替换下场队员。以上八种身份，并不是各有专任人员，而是随着比赛时间的进展，将会随时变换，以不同的身份出现。例如，当参赛队员由裁判员呼号后而进场，便是击球员，而自球撞击终点柱获得满分之后，又变成为满分队员。

24.《04 规则》对教练员和队长的职责，都是怎样确定的？

《04 规则》确立了教练员在全队的核心地位，由

教练员统领全队，并对全队的言行负责，指定队长，比赛时担当临场指挥（也可以委任本队其他人员担任临场指挥），申请替换队员，申请缺员比赛。

平时日常工作，教练员要依据提高球队水平的需要，有计划地进行教学培训。

队长则负责赛事的一些具体工作。例如，选择先攻、后攻和替换席，提交击球顺序名单；比赛结束后在成绩单上签名；赛中及时向裁判员提出询问；需要时，可以代行教练员的职责；队长代表全体队员，也要对全队的言行负责。

25. 怎样举行比赛入场仪式?

举行入场仪式是正式比赛时的一项必需程序，按照比赛时间表确定的比赛时间，由主裁判员集合双方队员，手持槌棒，在比赛场地的四角排列成红、白两路纵队。红队的由前到后的次序是：主裁、记录员、指挥员、1、3、5、7、9号队员、替换队员；白队的由前到后的次序是：副裁、司线员、指挥员、2、4、6、8、10号队员、替换队员。然后由主、副裁带队走向一角。红队排头走到临近开球区线时停下，全队沿四线的限制线排列，左转身面朝场内。白队排头继续领队前进，经过一角沿一线行走。当排尾到达横向一门处停下，全队沿一线排列，左转身面朝场内。这时，主裁、副裁、司线员、记录员走入场内，也要各就各位，主、副裁居中，司线员、记录员于左右两侧，面朝一角，一字排开，排列在一门的左斜前方接下来，

由记录员核对双方上场队员是否与报名表、比赛顺序名单相符合，如有出入时，不允许参加该场比赛，进行及时处理。主裁宣布比赛注意事项及临场规定，并检查服装、鞋、球槌、号码标志是否符合要求。之后主裁向双方队员宣布：本场比赛是由某某队与某某队，主裁、副裁、司线员、记录员的姓名。这些程序经过之后，双方互相致意，入场仪式即为结束。双方队员从场地上拣起由裁判员事先已经摆放好的“自球”，白队走向一角左侧，按击球顺序号插入到红队中间，这时，转入“准备活动”。

26. 临场指挥由谁担任？指挥的地点在何处？

临场指挥应由教练员亲自担任。但当教练员不在时，可以由队长代其担任，也可以由教练员委托本队的某成员担任。指挥地点在限制线外，允许随球走动，靠近击球员。这是《04 规则》的新规定。

27. 比赛时，参赛队员的等待位置是怎样规定的？击球员不在距自球最近的比赛线外等候，该如何处理？

替换席是专供教练员、替换队员和已满分队员的休息处。上场参赛的击球员则应该在距自球最近的限制线外等候。击球员如果做不到这一点，屡屡离开规定的位置时，则视为是“妨碍比赛”的一种表现，初犯时，可以给以警告，令其回到距自球最近的限制线外等候，屡教不改者，则可以视情节，提高判罚“妨碍比赛”的档次。

28. 门球规则对指导犯规是怎样规定的？

自从1992年国家体委下发的门球竞赛规则和门球裁判法修改条文，即取消了指导犯规。队长、参赛队员、替换队员都可以参与指导。这样，就废除了在此以前各规则所规定的：队员不得与击球员讲话。但是，由于有10秒逾时犯规和妨碍比赛犯规的限制，以及文明比赛的要求，从实践中看，行之有效的还是由临场指挥员一人执行指导为好，当关键处可能出现失误时，其他成员可以提醒临场指挥员（而不是代替指挥），这样就可以避免七嘴八舌、多头指挥的现象发生了。

29. 何谓弃权、拒绝比赛、非法上场？该如何判处？

比赛开始时，在指定的时间内，某队未到比赛场地，或不足5名参赛队员，或到场地提出放弃比赛，则判该队为“弃权”。比赛因故中断后，当裁判员宣布开始继续比赛，而某队拒不执行时，可判该队为“拒绝比赛”。当裁判员发现某队有未经承认合法的队员上场参赛时，则可判为“非法上场”。

对上述三种情况，应视为球队违例。按照《1994门球竞赛规则》的规定：取消该队得分，对方队以15比0获胜，比分记15:0，积分记0（注：15:0的个人得分记为2个二门、2个三门，1个满分）。

而《1999门球竞赛规则裁判法》对判处比分，则更改为20:0（个人得分记为5+5+5+3+2）。

《04规则》仍更改为15:0，对方队获胜。

30. 在什么情况下允许缺员比赛?

对缺员比赛，在《1994 门球竞赛规则》第三章第十七条第 2 款（4）项，有明确的规定。在比赛进行中，有的上场参赛队员，因为某种原因，不能继续参加比赛时，可以由教练员或队长向主裁判员请求，经主裁判员同意后，可以进行缺员比赛。比赛继续进行。

31. 当实行缺员比赛时，对其留在场内的球该怎样处理?

在《1994 门球竞赛规则》第三章第十七条第 2 款（4）项，对因故缺员比赛留在场内球的处理，规定为“……当裁判员呼到该队员的球号时，将球取出场外……”。而《1996 修改条文》在修改依据及说明中（第 11 页）——（三）有关球队方面：……4. 对因“妨碍比赛”而取消队员比赛资格后，缺员队员的留在场内球的处理，则规定为，“……仍留原处……”

为了使这两种缺员比赛留在场内的球处理取得一致，所以《1996 修改条文》又规定：取消《1994 门球竞赛规则》中的“当裁判员呼到该队员的球号时，将球取出场外”的条文，更改为“该队员的球仍留原处，在此之前的得分有效”。这就是说，因故造成缺员比赛留在场内球的处理，也要与因妨碍比赛被判罚而造成的缺员比赛留在场内球，同样处理。

以上几个规则的规定，现在都已经过时，《1999 门球竞赛规则裁判法》新规定，从 1999 年 9 月起则

按下列规定执行："缺员队员的球若是场内球，仍留在原处，在正常运行中如发生撞击、闪击、进门、撞柱得分等均成立，但当其出界后，该球才失去本场的比赛资格。"《04规则》与《1999规则》的规定相同。

32. 比赛中，出现哪11种情况，击球员可以请求裁判员确认？

确认用时不算裁判用时，又由于有击球超过10秒犯规的要求，所以请求确认，话语必须简练，只能是一问一答。

（1）确认成功过门。

（2）确认成功撞柱。

（3）确认成功撞击。

（4）成功撞击后，确认自球和他球的接触情况以及他球之间的接触情况。

（5）确认压在球门线上的球是来自门前方还是来自门后方。

（6）确认闪击时所放他球是否压在球门线上。

（7）确认通过三门的球是否触及终点柱。

（8）确认自球与他球是否密贴。

（9）确认成功撞击的球号。

（10）确认撞击后自球与被撞击的球之间的接触情况。

（11）确认撞击后被撞击的球与他球之间的接触情况。

33. 如何判定某一场比赛的胜负?

每场比赛结束时，必须判定出双方的胜负。胜负的唯一依据是按获得分数的多少（按一、二、三门的过门顺序，每球过一个门得 1 分，最终撞击终点柱得 2 分，全队最高得分为 25 分），多者为胜。一旦两队积分相等，则按下列顺序判定两队的胜负：①撞柱多者为胜；②通过三门多者为胜；③通过二门多者为胜。这样判定，如果仍然不能决定胜负时，便需要进行同分决胜期。

34. 如何进行同分决胜期?

“期”是属于表达时间的一个概念，例如，“时期”“期间”“期限”“假期”“星期天”等等。“同分决胜期”所指的涵义便是：由于比分相同，应该进入到采取一定的手段，最后决出谁胜谁负的时候了。按照“比赛规则”的规定，所要采取的手段，便是双方按着球号的顺序，重新过一门，以过门的多少决定胜负。其具体做法是：

（1）主裁判员站在一角内侧呼号，观看击球动作，宣布得分。副裁判员位于一门后，观察过一门得分球。切忌球过一门后未停止时拦球。由副裁判员拾起停稳有效的过门球，滚向司线员。司线员位于一门右侧一线内，放置得分的球，红球放在一门横向后方，白球放在一门横向前方。将未得分的球，放置到比赛线外。记录员随时记分。

（2）决胜开始，由上场参赛队员，按顺序从1号开始，依次过一门，过门多者获胜。如果两队又为平分，则把球送还给参赛队员，再进行第二轮。

（3）第二轮由1号球开始，双方各出一名队员，进行一对一的过一门（1号对2号、3号对4号……依此类推），至有一方过门，另一方未过门为止，过门的队即为获胜。

（4）当第二轮双方又成平局时，便要继续进行第三轮决胜。可以由主裁判员在开球区内，指定发球点进行一对一的过一门，直至决出胜队为止。

《04规则》的新规定是，视比赛的性质，不需要排列名次时，由组委会决定，不进行第二轮一对一的击球过一门，可以直接判为平局。

35. 三轮未过一门，失去该场参赛资格的队员，当同分决胜时，可否参加？

不参加。因为“同分”是由该场上场参赛队员，通过比赛而获得的成绩。同分决胜是该场比赛的继续，所以，需要由双方比赛的原班人马参加，失去参加该场比赛资格的队员，就不能参加同分决胜了。

《04规则》在条款中，已经没有同一号球三轮未过一门，失去该场比赛资格这一条了，但是在附则里还有。比赛组委会可以选择使用。

36. 已获满分的队员是否参加同分决胜？

参加。因为同分决胜是该场比赛的继续，该队员占有一个球号，在比分相同中，包含了他的球所获得的分数。

37. 被替换下场的队员能否参加同分决胜？

不参加。因为该队员被替换下场之后，他的球号已由替换上场的队员所有。按《规则》的规定，已被替换下场的队员，就不能再重新上场参与该场比赛了。所以，同分决胜时，要由替换上场的队员执杆击球，参加同分决胜。

38. 何谓击球员？击球员的击球权从何时开始，到何时结束？

击球员是指被呼号而进场比赛的队员。从这时开始即有击球权。击球员击出的球无过门、无撞击、球出界、满分或犯规时，击球权即告结束，该队员应迅速退到比赛线外。

39. 何谓正当击球、击球成立？何谓不正当击球、击球不成立？

《1999 规则》将以前各规则所称谓的合法击球为有效球，不合法击球为无效球，更改其称谓为正当击球成立、不正当击球不成立。击球员按着规则规定的要求，手握槌柄，以槌头击球面击打静止的自球为正当击球。在击球过程中，击球面先触及地面或草坪再击到球也视为正当击球，击球成立。这是击球允许的动作。击球员不应拒绝击球。

未按规定动作击球为不正当击球而犯规。不正当击球，击球后场内被移动的球，所形成的局面，如进门、撞击、撞柱、出界等都不成立，被移动的球放回原位。

正当击球，击球后场内被移动的球，所形成的局面成立，如进门、撞击、撞柱等。

在一次击球过程中，前一部分为正当击球，后一部分为不正当击球，前一部分正当击球成立，后一部发不正当击球不成立。

40. 不正当击球有哪些?

以《04规则》的规定衡量，不正当击球其表现为：

（1）推球、连击或使用击球面以外的部位击球。

（2）击球员用脚踢槌柄或槌头，用手击球槌或手握槌头击球。

（3）间接移动球（槌头击球面击打球门、终点柱、地面而使球产生移动；当球与球门、终点柱接触，球槌击球面触及球门、终点柱而使其产生移动）。

（4）在获得闪击权之前击球。

（5）获得闪击权后，没有闪击而击球。

（6）成功闪击后，在获得续击权前击球。

（7）击球时没有将自球置于开球区内而击球。

（8）击球时错击他球。

（9）自球仍在移动时，击打自球。

（10）闪击后，场内球尚未停稳，就续击。

41. 何谓推球？何谓连击？

（1）**推球：** 在一次击球动作中，击球面和自球接触时间较长并有伴送动作的现象为推球。击打界外球压线入场时，易发生推球现象。

（2）**连击：** 在一次击球动作中，看到或听到击球面与自球有两次或两次以上触及为连击。当自、他球距离较近，以同方向用力击打自球并撞击他球时，易产生连击现象。连击也包括在很近的距离自球碰球门或终点柱反弹回来，自球与击球面接触。

42. 关于球的临时移开和临时固定，《04 规则》是怎样规定的？

这一问题，《04 规则》与原规则相比更改变化很大。

《04 规则》取消了击球员请求裁判员给予临时固定他球的这一条款。

对原规则的“临时移开”保留两项： ①击球员可以申请临时移开妨碍通过一门的他球（包括门线后一个球的距离）。②击球员击球，如果认为处在边线外附近有妨碍击球的他球，可以要求裁判员临时移开。妨碍击球是指妨碍站位、妨碍挥杆、妨碍击球方向。只能移开界外的他球，界内的他球不予移开。击球完毕，裁判员立即将移开的球恢复原位。

《04 规则》新规定： 撞击后，自他球密贴时，击球员可以自行移开后再闪击，所产生的移动为无效移

动。由于有了这样的条款，对原规则的必须申请移开和必须申请临时固定，就没必要存在了。

43. 击球员怎样自行临时移开被撞击又为密贴的他球？

当撞击成功后，自球与两个以上被撞击的球密贴时，击球员可以自行临时移开准备后闪击的他球。可以一次临时移开一个密贴他球，也可以一次临时移开两个。击球员捡拾被撞击的他球时，使密贴球产生移动不为犯规，由裁判员把被移动的球放回原位。如果被撞击的他球移动后停止，与另一个他球直接或间接接触时击球员可以捡拾起被撞击的他球。被临时移开的他球不得放在对比赛有障碍的地点（可以再次移开）。未与自球密贴的被撞击的他球，不得临时移开。

44. 场上该轮及某号上场队员进场击球，当裁判员还没呼号时，他就进场又击了球，该怎样判处？

由于裁判员还没有呼号，该队员便称不上是击球员，所以不为犯规。可以提醒他以后多注意。将球恢复原位，令其迅速退到场外，裁判员呼号后，再重新进场。按《04 规则》衡量，这是在裁判员用时期间非击球员进场击球，属于无效比赛行为。

45. 击球时，是否允许平整场地？

《1992 修改条文》规定：取消平整场地犯规，但要执行 10 秒逾时犯规。这就是说允许平整场地。在此以前，比赛中，击球员不得平整场地，只是允许击球通过一门时，可以平整起始线附近的场地，而且，不允许用球槌平整（见《1990-1993门球竞赛规则》第三十条）。《04规则》取消了几项非技术性犯规，平整场地是其中的一项。

46. 在什么情况下，才能获得续击权？怎样计算续击权的次数？

自球撞击他球成功后，便可以得到闪击权和续击权，在一次击球中，撞击几个他球，就可以得到几次与撞击他球同等数量的闪击权和续击权。若被撞击的球出界或满分时，则失去对出界或满分球的闪击权与续击权。

自球按规定次序通过一个球门后，可以获得一次续击权。

由于续击权的获得，是用了一次击球权才得到的，因此，一般情况下，是用一得一，双杆是用一得二，三杆是用一得三。

在计算连续获得续击权时，不要忘记所用去的一次续击权。因此，连续打成双杆时，每次加一杆，连续打成三杆时，每次加两杆。例如，连续打成两个双杆，能得到三次续击权；连续打成三个双杆，能得到四次续击权；连续打成两个三杆，能得到五次续击权；连续打成一个双杆、一个三杆，能得到四次续击权。

47. 击球员的闪击权与续击权是如何获得与失去的？

门球规则规定：击球员以自球撞击他球成功时，即可获得与撞击他球同等数量的闪击权与续击权，若被撞击的球出界或满分时，则失去对出界或满分球的闪击权与续击权。自球按规定的顺序过门，可获得一次续击权。如果犯规时，则取消所有的闪击权与续击权。

举例：①自球在边线附近，用同一杆击球，成功地撞击两个他球，但有一个他球被挤出界，自球可获得一次闪击权、一次续击权。

②有个已过三门的自球，获得两次闪击权，使用之后，还有两次续击权。用第一次续击到终点柱附近，用第二次续击撞击一个也过了三门的他球，又获得一次闪击权、一次续击权，用一次闪击权闪送他球撞柱获满分，用一次续击权，击自球撞柱，获满分。

③有个尚未过三门的自球撞击处在终点柱附近的已过三门的他球，并又直接将其撞柱，获满分，自球则没有闪击权和续击权，击球权结束。

④自球在三门前过门的同时又撞击了两个他球可获得两次闪击权、三次续击权。但击球员一不小心用脚踢了附近的另一他球，触及静止球犯规，取消所有的闪击权与续击权。

48. 何谓“在获得闪击权之前击球”犯规？

自球撞击他球后，闪击权的获得是需要被撞他球在场内停稳时才为真正获得。因为只有被撞他球停稳之后才算进入闪击过程。当被撞他球还在滚动之中，就是还没有获得到真正意义上的闪击权，这时如果触碰自球，即为在获得闪击权之前击球，《04 规则》将此行为列为击球犯规之一。

49. 何谓“成功闪击后，在获得续击权前击球”犯规？

当击球员将被撞他球闪击之后，他球在场内还没有停稳时就续击，击打自球，《04 规则》将此行为也列为击球犯规之一。因为真正意义上的续击权是在闪击出去的他球在场内停稳之时或出界、或撞柱获满分，才为获得。

50. 门球规则对“10 秒逾时”犯规是怎样规定的（如何计算 10 秒逾时犯规的起止时间）？

各次门球竞赛规则都规定：击球员必须在 10 秒钟以内完成击球或闪击击球动作，如果超过 10 秒钟，未将球击出，则判为逾时犯规，失去击球权。

关键是要掌握好 10 秒计时的起止时间。

（1）**击球：**从裁判员呼号后计起。

（2）**闪击：**①从自球和被撞击的他球在场内停稳时计起。②闪击第二个他球，从闪击出的第一个他球在场内停稳或裁判员宣布球出界或满分时计起。

（3）**续击：**①从自球停止滚动和闪击出的他球在场内停稳或裁判员宣布出界、满分，从宣布后计起。

②获得两次续击权时，进行第二次续击，从第一次续击自球停止滚动时计起。

（4）**临时移开他球：**①从裁判员或击球员自己移开他球后计起。②闪击第二个他球，从把他球放回原位后计起。

上述起始时间，时隔10秒钟，未完成击（闪）球动作，即为逾时犯规（当击球员的槌头击球面触及、击打到自球时，即为终止计算10秒的准确时间。闪击时的抬脚时间，便不能计算在10秒时间之内）。

51. 在裁判员数“10秒”的同时将球击出，是否算“10秒逾时”？

不算。因为规则规定：“超过10秒钟未击球（或闪击击球），为逾时犯规。”从字面上，也可以理解正在10秒钟时，就是还没有逾越过10秒钟，所以必须在11秒以上，才为“10秒逾时”犯规。

52. 裁判员采用什么方法，可以确认击球员是否“10秒逾时”犯规？

裁判员必须具有强烈的时间观念，对每一杆的击球、续击、闪击、球的临时移开起始时间都要掌握准确、及时起计。采用默记数数的方法计算10秒。当到“8秒”时，必须向击球员报告，击球员如果又超过了2秒（共计10秒）时，即可判“逾时犯规”。

裁判员必须切忌：起杆的开始时间不默记，当见到击球员有犹豫不决，左右改变击球方向时，突然报

"8 秒"，随后就是"10 秒"，这样做，是容易出现差错的。

53. 该过二门或三门的自球，重复撞击处在二、三门球门线上的他球，他球被顶撞过门，随之自球也通过二门或三门，自球、他球过门是否有效？自球算不算双杆球？

由于自球是先重复撞击犯规，所以，他球被顶撞过门不成立，自球随之过门也不成立，自然不能算为双杆球。判处将自球放到距离重复撞击处的最近比赛线外 10 厘米处。

54. 何谓重复撞击与非重复撞击，对重复撞击如何判处？

当自球续击时，对已经闪击过的他球，再一次撞击，即为重复撞击（包括，续击出去的自球，碰到球门柱、终点柱、他球，反弹回来，又碰到已经撞击过的他球）。例如，自球①号撞击⑤号球后，闪送过了二门，①号自球通过二门时，擦碰到右门柱，球走斜线，又碰撞到⑤号球。重复撞击为犯规，判处失去击球权，将自球放到犯规近处的界外 10 厘米处，犯规时所移动的他球，不成立，恢复原位。

属于下列情况，则为非重复撞击：

在同一次正当击球中，自球与他球再次相碰。例如，自球⑦号撞击③号他球后，⑦、③号两个球在滚动中又出现相碰。

55. 球槌打到门柱或终点柱，间接地移动了他球，该怎样判定？

《1999 门球竞赛规则裁判法》取消了以往隔球门或终点柱的间接触球犯规。“球槌打到门柱、终点柱，由门柱、终点柱晃动造成球的移动，不算犯规”。把移动的球放回原位，击球员仍有击球权。《04 规则》则新规定间接移动球犯规，视为触及静止球，属于无效移动，将移动球恢复原位，取消击球权。

56. 击球时，自球撞上了有贴门球的门柱，使贴门球移位，该怎样判处？自球又是该过这个门的球，碰门柱后，还过了门，又该怎样判处？

此行为为正当击球撞上门柱，而使他球移位，为有效移动，他球被移动到哪算哪。被间接移动的球，如果是该过这个门的球，又过了门，过门成立，得分。由于不是直接撞击，不产生闪击权、续击权。自球过门成立，并有一次过门后的续击权。

57. 为什么本书第 55 题间接移动球为犯规，而第 56 题也是间接移动球就不犯规？

这是因为二者间接移动球的物件不一样。第 55 题是由球槌触碰门、柱而移动的，第 56 题是以自球触碰门、柱而移动的。

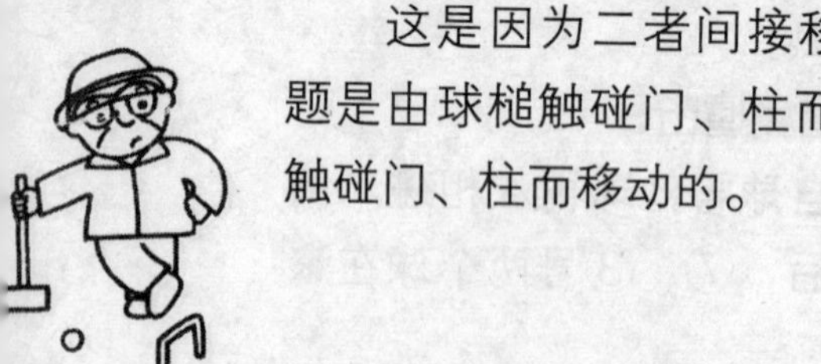

58. 用槌头击球面击到球门柱，而使压在球门线上的门前球被振动越过了球门线，该怎样处理？

依据《04规则》第十二条、第四款击球犯规……（3）间接移动球："当球与球门、终点柱接触，击球面触及球门、终点柱而使其产生移动。"视为击球犯规，无效移动，过门不成立，将移动的球放回原位，取消击球权。

59. 闪击他球时，将他球碰撞到球门柱上，而使另一个贴靠在门柱上，该过门的压线球被振动过了门，该怎样判处？

依据《04规则》第十一条一、有效移动和第十六条一、闪击与成功闪击他球而产生的任何移动均有效，以及《裁判法》54页（五）过二、三门。判处：贴门柱球过门成立，被闪击的球所形成的局面也成立，击球员仍有续击权。

60. 怎样理解《04规则》所规定的球槌间接移动球为犯规？

《04规则》第十二条击球，四、击球犯规（3）间接移动球：②明确规定："当球与球门、终点柱接触，击球面触及球门、终点柱而使其产生移动。"（这里的移动，即是贴门、柱的他球被移动）。第十八条触球犯规，"4.击球员球槌触及球门或终点柱，使球产生移动，被移动的球放回原位"（视为无效移动）。依据上

述两项条款，可以理解，击球面即是球槌的端面，有他球与球门或终点柱接触，当球槌触及门或柱而振动他球，出现移动，此即为间接触及静止球而犯规，将他球恢复原位，取消击球员的击球权。

61. 怎样依据《04 规则》的条款，理解由于正当击球而直接或间接使贴靠在门柱或终点柱的球移动，均是有效移动？

《04 规则》第十一条一、有效移动，明确规定“击球员的正当击球行为使球产生移动称有效移动。”裁判法第五章四（二）2.“隔球门或终点柱触及与球门或终点柱接触的球，使球产生移动（简称“间接触球”），不为犯规。”裁判法第五章四（十）1.“……密贴在终点柱上的球，因未过三门球碰柱而使其移动，该球算满分；因已过三门球碰柱而使其移动，该球不算满分。”

从以上条款的规定，可以理解：只要击球员是按着规则规定的要求，手握槌柄，以槌头击球面击打静止的自球，即正当击球（击球也包含续击和闪击）。如果有他球贴靠在门柱或终点柱，击自球移动后，不论是直接（正面）触及到贴靠在门、柱的他球，还是自球触及到门或柱，而间接触及他球（他球被振动）皆为有效移动。以及除了自球直接或间接触及贴靠在门、柱的他球之外，还有被自球闪击的球，或被自球撞击的球，由闪击球、撞击球而直接或间接使贴靠在门、柱的球产生移动，也是有效移动，因为，击球员的击

球行为，是属于正当击球。贴靠在门、柱的他球，如果是该过这个门，那么，移动后过了门，则过门成立；贴靠在终点柱的他球，如果是已过三门的球，撞柱满分成立（注意：若由已过三门球碰撞终点柱而使已过三门的贴柱球间接被移动，贴柱球则不算满分）。

直接移动（触及）他球，可以按规则的规定，获得被移动他球的闪击权与续击权；间接移动（触及）他球则不能获得闪击权与续击权。这是对二者判处的不同之处。

62. 为什么由已过三门球触碰终点柱，从对面间接使已过三门的贴柱球移动，不算满分？

这是因为任何一个已过三门的球，一旦撞柱，即为满分，立即失去在场内的一切作用。贴柱球的移动必然是在已过三门球，先撞柱成为满分球之后才被移动的，所以，贴柱球的移动，不算满分。

63.《04 规则》第 29 页说明中规定：“……自球撞击球门或终点柱后，间接使他球产生移动，他球移动无效，自球移动有效。”而本书第 56 题也是自球撞上了有贴门球的门柱，使贴门球移动，就为“有效移动”，这岂不是矛盾吗？

并不矛盾，他们是两种不同的“自球”击球行为，前者的自球乃是界外球进场，后者的“自球”则是界内球触撞门柱而使贴门球移动，所以，判处的结果不能一样，前者为无效移动，后者为有效移动。

64. 如何理解“击球员同时对多个他球进行闪击”为闪击犯规，如何避免？

当自球成功撞击数个他球之后，即可获得与被撞他球同等数量的闪击权与续击权。规则规定：优先闪击。进入闪击过程的第一个时间，首先就要捡起准备闪击的被撞他球。捡起哪个球就意味着要闪击哪个球，不可以来回更换，因此确定闪击顺序要冷静、认真，不可以马虎。自球撞击他球后，球与球的间距，有的可能是密贴，有的可能呈接触状态，间距又大小不一。规则规定，必须先闪击密贴的，接触小的，拿球时不可触及、移动其他球，否则视为犯规。只可以临时移开要后闪击的密贴球。移开密贴球时，移动了密贴的自球或其他密贴的球，不为犯规。

《2004门球竞赛规则》在闪击犯规的条款中规定：击球员同时对多个他球进行闪击，为闪击犯规。其所指的行为是：①自球同时撞击两个以上的他球，击球员捡起第一个要闪击的球后，又改变了闪击顺序，改换捡起另外的被撞他球。为了避免这种犯规的发生，临场指挥员与击球员必须按规则的规定，确定闪击顺序，捡起了第1个他球，就绝不再改捡另一个他球。②自球同时撞击两个以上的他球，闪击前，击球员同时捡起多个被撞击的球。为了避免这种犯规的发生，如果自球同时与3个他球接触时，需第二次及以后闪击的他球，可以临时移开，不予捡起（见《04规则》第27页）。③当自球同时撞击两个以上的他球时，自

球与其中的一个被撞他球接触，临场指挥员、击球员，必须掌握先捡起并闪击这个与自球接触的球，而且不能触及其他被撞击的球，否则即为犯规。

以上三种情况的犯规，都是属于在放球之前，可判处自球与被撞击的球放回原位。

另外要注意区别开：把这种同时对多个他球进行闪击与闪击完成时，被闪击的球带出了另一个待闪击的球。前者属于闪击犯规，后者属于一次闪击完成了两次闪击任务，为正常的闪击行为，闪击有效成立，击球员仍有同等数量的续击权。

65. 当年一门战术的兴起情况如何?

一门战术创始于秦皇岛市（1986 年前后），到 1988 年在兰州举行第三届全国老年门球大赛时，河北队频频打出自球过一门后双杆球，威力特大，引起参赛人们极大的兴趣，拍手称赞。此后，便出现迅速传播推广的势头，大约又历经两年，1990 年举办第五届全国老年门球赛时，便可以看出已被广为采取、接受，得到了普及。

66. 一门战术能够发挥哪些威力和作用?

一门战术的威力和作用表现在：

（1）储存力量。当场上的形势不利于己方时，可以一门留球，以求后发制人。

（2）一门留球能够控制从一门后到二门前的大片区域。

（3）自球过一门后打成双杆球，发挥双杆球的作用。

（4）给一门的留球，培育王牌球，发挥王牌球的作用。

（5）一门留球后，可以伺机再过门，直撞三门前后或二门附近的他球。

（6）为一门的留球，酝酿过一门后，打成平地双杆球，发挥双杆球的作用。

（7）派遣接应球，接应一门的留球，为其擦边到达理想方位创造条件，发挥擦边球的作用。

67. 一门战术有何弊端？

一门战术的起始点，在于先有针对性地放弃球进一门，等待、寻找到时机后，再进一门。一门战术各种威力球的出现，都是由于采取放弃进一门，实施一门留球的策略而形成的。所以，在比赛中，一方为了遏制另一方出现一门威力球，避免己方陷入被动，便要采取“掺沙子”的办法，“你放弃过一门”，“我也放弃过一门”，针锋相对，给对方施加压力，为己方留出后劲儿。因此，就出现了留球过多，时间过长的单调模式，致使赛场冷清、留球队员心理不安、观众厌烦，不利于门球战术向更广更深方面发展。这就是一门战术的弊端。

68. 如何纠正一门战术存在的弊端？

经过多方面征求意见，研究探讨和反复试验，1996 年经国家体委审定的《关于对 1994 年门球竞赛规则和门球竞赛裁判法（部分条文）修改的通知》中，有两条就是针对一门战术存在的弊端而采取的新规定：其一，自球通过一门后，直接撞击一门后的球无效，不为双杆球，这样就从规则上取消了一门后的双杆球；其二，过一门的同一号球，三轮未过门者，该号球和该号队员即失去继续参加该场的比赛资格。这样，就可以扭转了一门留球过多、时间过长的现象了，同时，将要把人们从单一的谋求创造过一门后的双杆球战术打法，引向新途径，开辟新球路，丰富、发展一门战术其他威力球的战术打法，创造开局的新战术。

69. 一门战术是否已经不存在了？

不是。应该说一门战术仍然存在。虽然，球过一门后撞击一个他球，不为双杆球，但这仅仅是一门威力球的一项，被取消了，其他各种威力球的作用依然存在，只是限制在三轮之内发挥。现今的一门战术转向趋势是从一门联结起二、三门，形成总称为球门战术的新战术。人们的注意力已经投向三个球门，在球门战术上大做文章，发展、创新。

比赛中，也有技术过硬的参赛队，审时度势，敢于指挥具有必保过一门本领的击球员，在第二轮，甚至第三轮再过一门，争取场上主动，发挥后发制人的威力作用。

《04 规则》在附则中有“允许放弃过一门”，各地区、各单位可根据本地特点或比赛性质选择使用。

70. 自球通过一门后，撞击了一个他球，然后自球出界，自球通过一门是否有效？该怎样判处？

这种球若按《1994门球竞赛规则》的规定，则为通过一门有效，可是现在已经更改。“96修改条文及其说明”，对“有关进一门问题”说得十分明白：自球通过一门时，不论撞击门前的他球，还是门后的他球，都无效。如果撞击他球后，自球出界，通过一门无效，将被撞击的他球放回原位。《1999门球竞赛规则裁判法》在通过一门的规定条款中，也明确：过门后，自球出界（包括碰撞了他球后出界）过门不成立。《04规则》也是这样规定的。

71. 击自球过一门后，直接撞上一个他球，而他球被撞出界了，自球却停留在场内，该怎样判处？

因自球是通过一门，所以撞上一门后的他球不成立，将被撞击出界的他球，放回原位，自球过一门成立、得分，还有一次通过一门的续击权。

72. 自球通过一门撞上一个他球不为双杆球这一规定是怎么来的？

自球通过一门撞上一个他球不为双杆球的这一规定，是来自1996年的门球规则和裁判法部分修改条文，在“有关进一门球问题”中明确：撞击一门后的球无效（如自球过门后撞击他球，自他球均停在比赛线内，不作为双杆球），通过一门有效，并有一次过门

续击权。将被撞击的他球恢复原位（击球员进行续击时，允许重新撞击该球）。由此，便从规则的规定上取消了过一门后的双杆球。这是限制和扭转一门留球过多，时间过长所采取的一项举措。

在此之前，例如1994年曾有几次进行全国性门球大赛时，都进行过这方面的试验，经过多方面研究探讨，在成熟的基础上，才作出这样的规定的。

73. 球过一门有哪些特殊规定?

球过一门有以下几项特殊规定：

（1）球过一门必须将球放在开球区内（也可以压在开球区四周围线上），由击球员自行击球，不能由他人闪送过门。

（2）击球一次没过门时，球不能留在场内，交给同一号上场队员，等到下一轮再重新放到开球区，击球过门。

（3）《04规则》在五项附则中，有“允许放弃过一门”和“同一号球如三轮没有通过一门，则失去比赛资格”两项，各地赛会可以自行决定是否采用。

（4）在一门前允许移开他球的区域内，有妨碍进门的他球时，击球员可以要求裁判员将他球临时移开。

（5）自球通过一门后出界为不成立。球只有停留在场内才成立，并有一次过门后的续击权。

（6）球过一门前、后撞上他球为不成立，不论他球出界与否，都将他球放回原位。

（7）球过一门后，撞上一个他球不为双杆球，将

他球放回原位，自球可以再撞击他球，撞击后必须进行闪击。如果自球占据了他球的位置，则将他球恢复原位。自球按运动轨迹方向，密贴到他球之后。

以上这些是与球过二门、三门的不同之点，所以叫做过一门的特殊规定。

74. 界外球进场，有哪些特殊规定？

界外球进场有下列特殊规定：

（1）附近界外有他球，影响击球员挥杆击球入场的站位、瞄准、挥杆方向时，可以要求裁判员将界外的他球临时移开。

（2）界外球击入场内，在运动中无任何权利，通过球门、撞柱不得分。碰撞球门、终点柱间接移动了他球，为无效移动。将被移动的球放回原位，自球进场形成的局面成立。

（3）已过完三门的界外球进场，与终点柱成接触状态，须经以后的击球和碰撞才为撞柱。

（4）界外球进场，直接触及他球，视为犯规。将他球放回原位，将自球放在最近比赛线外 10 厘米处。

75. 击中终点柱有哪些特殊规定？

击中终点柱有下列特殊规定：

（1）经正当方式使已过三门的球，在运动过程中，触及终点柱方为撞柱。

（2）已过三门的界外球进场撞柱，或密贴在终点柱上，皆无效，经击球员再次击球后撞柱方为满分。

（3）密贴在终点柱上的球，因未过三门球碰柱而使其移动、该球算满分，因已过三门球碰柱而使其移动，该球不算满分，将球恢复原位。

（4）击球员闪击他球撞柱，在放置他球时，如果该球与终点柱接触，撞柱无效，只算一次闪击。

（5）撞柱满分后的球，成为无效球，将球拿到场外。该号击球员结束比赛。

76. 对闪击时放球的位置，与终点柱、比赛线、球门线有何关系？

（1）放已过三门的球与终点柱成接触状态进行闪击，只为一次正当闪击行为，不为撞柱满分。

（2）将球放在比赛线外闪击，为闪击犯规，自球与被闪击他球放回撞击后的位置。

（3）将球放在球门线上进行闪击，通过球门不得分，只为一次正当闪击行为。

77. 以什么为标准衡量球是否压线？是属于门前球，还是属于门后球？是否算过门？

衡量球是否压线的标准是：看球的投影是否在比赛线的外沿上，如果在，即为已压线。

球过门，按球门线进行衡量（球门线是门的两柱后方之间的连线）也是看球的投影。球的整体由球门线前方越过，到球门线的后方，为球过门。球从门后方来的，要越过球门线，成为门前球，按逆时针过门方向，整体越过球门线，方为过门。球从门前方来的，

整体越过球门线，即为过门。

78. 球滚出比赛线后又滚回压在比赛线上，球通过球门线之后又滚回压到球门线上，各算什么球？

球的整体已越出比赛线，又滚回场内或压在比赛线上时，判球出界，球在沿比赛线滚动中多次整体出界，应在第一次出界时宣判。因此，副裁判员对这种球必须十分注视球的整体（投影）是否越出比赛线，这是判定球是属于界内球，还是属于出界球的关键。

门前球（包括从门前滚来的压线球）只要再经正当击球或闪击，使之移动后从球门中间整体越过球门线，即使又滚回压在线上或回到门前，过门得分仍有效。对此种情况，副裁判员应特别注视，球是否已经整体（投影）越过球门线。

79. 如何理解“闪击过程中造成自球或他球的移动”为无效移动？

在闪击过程中，所出现的这种自球或他球被移动，是属于撞击以后击球员捡起被撞击的球时，由被捡起的球移动了与之接触的自球或他球（以上四处重点号，是处理这种球的必备条件）。这种球的出现，有三种情况：①由捡起的球直接移动了自球或他球；②捡起的球间接移动了自球或他球；③由于闪击的作用力，而移动了他球。这些移动都不是由击球员的手、脚或击球员的球槌或携带物落下造成的。由此被移动的球为无效移动，把这种移动可以看做是“不算数”，按不成

立对待。

判处原则：①不视为犯规，由裁判员将被移动的球恢复原位，击球员仍有击球权；②击球员如果在此时因另外的原因而犯规了，则按所违犯的规则处理。

80. 将闪击的全过程可以分解为几个时间段？

可以分解为三个时间段。

第一个时间段：从自球撞击他球后球在场内停稳，取得闪击权、续击权起，到拿他球、放他球之前止；

第二个时间段：从放下他球贴靠在脚踩的自球旁起，到闪击击球止；

第三个时间段：从闪击球动作结束后，到抬起脚止。

81. 对闪击过程中，各个不同时间段的犯规，都应该怎样处理自球与他球？

在第一个时间段里的犯规，是将被撞击的他球放在撞击后的位置。这时，如果自、他两球相距超过 10 厘米时，自球在撞击后原位置不动，如果自、他球相距未超过 10 厘米时，则要将自球拿到最近比赛线外的 10 厘米处。

在第二个时间段里的犯规，由于自、他两球相距不会超过 10 厘米，所以，要将自球拿到最近比赛线外的 10 厘米处，他球在放球原位置不动。

在第三个时间段时的犯规，将自球恢复原踩球位置。涉及不到对他球的处理，在第二个时间段里，他球所形成的局面有效。击球权结束。

82. 门球规则对指示方向的规定，前后有何变化？

1985年的门球规则和1990~1993年的门球规则都规定："闪击本方球时，可不必指示方向；闪击对方球时，必须在放置他球前指示方向。""闪击对方球未指示方向或指示方向又改变方向"，视为犯规。

1992年的门球竞赛规则和门球裁判法部分修改条文则规定："取消指示方向犯规（但闪击球出界，击球员应指示方向，便于裁判员到位处理球）。"

1994年的门球竞赛规则，对指示方向则作为一项要求提出："向界外闪击他球时，应该指示方向。"比赛中，裁判员可以提醒击球员闪击前要指示方向，一旦忘了没指，也不为犯规。

《1999门球竞赛规则裁判法》则规定："向界外闪击时，踩球前必须指示方向。"

《04规则》规定：向界外闪击时，踩球前应该指示方向。

83. 从何时起取消了放弃击球（闪击、续击）的规定？

取消"放弃"，是《1996修改条文》的一项新规定，从1996年4月1日开始实施。在此以前的规则，都规定允许"放弃"击球（包括闪击成功后的续击）；允许"放弃"闪击。《1999门球竞赛规则裁判法》重申：不准放弃闪击权，不准放弃击球。《04规则》的规定是：击球员不得放弃闪击。还规定：击球员不应

拒绝击球。

84.《04 规则》对击球员在闪击过程中允许有哪些行为？

（1）同时踩住自球和他球。

（2）只踩住自球时，改踩或改变方向。

（3）放球时触及自球。

（4）重新放球。

（5）击球员击打自球同时击到踩球脚。

（6）自球在击球员脚下移动。

85. 闪击过程中的犯规，在什么情况下不判处把自球放到比赛线外？

闪击过程中的犯规，当处理后自球与他球相距超过 10 厘米时，自球不拿出比赛线外。例如，在放球前（还没有放球）处在闪击全过程的第一个时间段，脚踩自球时，自球离开脚下，判处：将被撞他球放回撞击后原位。自、他两球撞击后相距超过 10 厘米时，便不把自球放在界外，仍留在原位置不动，击球员失去闪击权、续击权。

86. 闪击过程中的犯规，在什么情况下要将他球放在放球位置？

从放球起，到槌头击球止（即闪击过程的第二个时间段）。在这个时间段里犯规时，都要判处：将自球放在踩球位置，他球放在放球位置。

（注：这样第一次处理后，由于自、他两球指定是相距不超过 10 厘米，所以裁判员可以直接判定：将自球拿到相距最近的比赛线外 10 厘米处，免去进行第二次处理）。

87. 闪击时，出现反弹球会有几种情况，都该怎样判处？

击球员闪击被撞他球时，一旦碰上终点柱、门柱或另外他球时，会将被闪击的球反弹回来。在平常情况下，有时能够与自球或击球员的脚相遇，可以按不同情况，不同判处。

（1）若被闪出的他球遇阻后反弹回来，停止时与自球密贴，为闪击犯规。将自球放到界外，他球仍放在原处，取消续击权。

（2）若被闪出的他球，离开自球已超过 10 厘米后，反弹回来，没有与自球接触，更没有密贴，但停止时与自球相距没超过 10 厘米，为闪击成功，击球员仍有续击权。

（3）若被闪出的他球，遇阻后反弹回来静止后与自球接触，为闪击犯规。自球与被闪击的球位置不变（闪击犯规处理后，如果自球与被撞击球，间距不足 10 厘米时，则应把自球拿到界外）。

（4）若被闪出的他球撞上球门或终点柱（未满分）反弹回来，又触及了击球员的脚，为触及移动球犯规，将自球放到界外，取消续击权，他球放到触球位置。

88. 自球打成双杆后，击球员当闪击第一个对方他球时，同时将对方另一个应该闪击的他球带出界外，该怎样判处？

这是一次闪击完成了两次闪击任务，不影响对续击权的判定，击球员仍有两次续击权。

89. 闪击时，自球离开脚下，该怎样处理？

他球仍放在放球位置，自球放回原位（即撞击后的位置，也就是踩自球的位置），由于这样处理，自、他球相距必定不超过10厘米，所以，自球可直接放到最近的比赛线外10厘米处。

90. 闪击击球时，槌头击球面打到踩球脚上，自、他球均未离开脚下，应如何处理？

应视为击球犯规。他球在原位置不动，将自球放到最近比赛线外10厘米处。

91. 在边线附近闪击，闪击完成后，抬脚时，将自球滚动出界，应该怎样判处？

闪击完成后，自球离开脚下，既或不滚动出界，也为犯规，判处：将自球放回原位，他球形成的局面成立，停止续击。

92. 闪击他球碰撞到球门柱或终点柱等障碍物后，他球反弹回来与自球距离没超过10厘米时，该怎样判定？

按规则的规定，这种现象应视为正当击球成立。

自球仍有续击权。因为，他球是被闪击超过 10 厘米之后，又反弹回来的，而不是原来他球离开自球就不足 10 厘米（被闪击他球反弹回来，又没有与自球接触，不为犯规）。

93. 闪击时，被闪击的他球，将另一他球碰撞过门或撞击终点柱，该怎样判定？

按规则的规定，闪击出的球碰撞其他球时，形成的各种局面均成立。另一他球不论是过门还是撞终点柱，都成立。自球还有闪击后的续击权。

94. 击界内已过三门的自球，碰撞了有贴柱球的终点柱时，该怎样判处？

自球撞柱获满分成立。将被移动的贴柱球恢复原位。贴柱球既或是已过三门的球也不算撞柱满分。因为，已过三门的球，击中终点柱后形成的局面不成立，击中终点柱前形成的局面不变。

95. 已过完三门的自球，撞击一个他球后，又自行接连撞柱，该怎样判处？

判处：（1）被撞击的他球，形成的局面不变；（2）自球获满分成立（由于在同一次击球中，接连自行撞柱获满分，自球在触及终点柱的同时，便失去在场上的一切作用，对被撞击的他球，自然就没有闪击权了）。

96. 已过完三门的自球，先撞击终点柱，然后又碰撞到贴柱球（已过完三门），该怎样判处？

当自球触及终点柱时，即为满分，满分后所形成的局面不成立（不论是碰撞到已过完三门的贴柱球，还是其他球）。所以，碰撞贴柱球，贴柱球不为满分，要给恢复原位。

97. 已过三门的自球，撞击已过三门的他球，他球撞柱，自球也随同撞柱，该怎样判处？

这是在同一次的正当击球中，先使他球撞柱，又使自球也撞柱，判定两个球都为满分。

98. 已过三门的自球，将已过三门的他球撞击撞柱获满分，该如何判定自球？

按《04 规则》第十五条和裁判法第五章四、（六）之规定：撞击后，被撞的他球出界或满分时，失去与出界或满分的球同等数量的闪击权与续击权。尚有与被撞击的未出界或未满分的球同等数量的闪击权与续击权。可以判定：他球撞柱获满分成立，自球停留在撞击后的位置不动，击球权结束。

99. 自球撞击他球后，由于他球的滚动，将另一个已过三门的他球撞柱，该怎样判处？

按《04 规则》第十一条一、有效移动之规定，经正当击球后，使球与球的碰撞形成的场上局面不变，

不正当击球形成的场上局面不成立。由于自球是属于正当击球为有效移动，所以判处：另一个已过三门的他球撞柱获满分成立，自球对被直接撞击的他球，有一次闪击权和续击权。

100. 有个已过三门的界外球进场后，贴靠在终点柱上，执杆自球闪击另一个他球时，另一个他球撞到终点柱上，该如何判处？

执杆自球所闪击的另一个他球，如果是已过完三门的球，则另一个他球撞柱获满分成立，进场后贴靠在终点柱上的已过完三门的球，被振动移位，则为无效移动，不为满分，恢复原位；如果所闪击的另一个他球不是已过完三门的球，则属于完成一次正当闪击，执杆自球仍有续击权。将贴靠在终点柱上，已过三门的界外进场球，如果被振动移位，则为满分（依据《04 规则》裁判法第五章四、（十）撞柱）。

101. 有一个获得双杆权的自球，用头一杆瞄向终点柱，即把停在终点柱附近的一个已过完三门的他球撞柱而获满分，那么，自球还有没有第二杆续击权？

还有一次续击权。因为获得满分的撞柱球，是自球用了头一杆的续击权，使其撞柱的，双杆球用去了一杆，还剩有一杆。

102. 自球撞击两个他球，形成双杆，但其中有个球在滚动时撞上终点柱而获满分，该怎样判定自球？

依据《04 规则》裁判法第五章四（六）“……撞

击成功的同时，击球员获得与所撞击的他球同等数量的闪击权与续击权。若被撞击的球出界或满分时，则失去对出界或满分球的闪击权与续击权。”应该判定自球还有一次闪击权和一次续击权。

103. 界外球打入界内，撞上球门柱或终点柱，从而振动了靠在门柱或终点柱的他球，该怎样判处？

依据《04 规则》第十七条三、四的说明“他球与球门柱或终点柱接触，自球撞击球门或终点柱后，间接地使他球产生移动，他球移动无效，自球移动有效”。这里的“自球”是指界外球进场的自球，将他球恢复原位，自球停到哪儿是哪儿。

104. 击自球撞柱获满分，是否必须由击球员自己将球拿到界外，否则按犯规处理？

《1990-1993 门球竞赛规则》曾经规定：“自球击中终点柱，须待主裁判员宣布满分后，由击球员持自球到最近的比赛线出场至第一角外等候。”如果违反这一款时，“得分无效，该球放回撞击终点柱前的位置”。

1994 年修改后的门球裁判法和门球规则则改变了这一规定。《1994 门球竞赛裁判法》第四章五 2 规定：“自球满分后，允许击球员自己拿出。”第五章十二 1 规定：“自球满分时可由击球员自己拿出交记录员。”同时，《1994 门球竞赛规则》也明确了：击自球撞柱获满分后，击球员即不再是击球员，只有击球员才有犯规，非击球员除妨碍比赛犯规之外，不存

在犯规问题。

《1999门球竞赛规则裁判法》则最新明确规定："乙裁：确定满分后，立即将球拾起送回一角。自球满分后，允许击球员自己拿出。"

《04规则》裁判法第五章四、（十）规定：球满分后即成为无效球，裁判员应立即把该球拿出场外或令击球员拿出场外。

105. 何谓"妨碍比赛"？

"妨碍比赛"是《1994门球竞赛规则》新增加的一项规定。《1996年门球规则和裁判法部分修改条文》，对此也有明确规定。《1999门球竞赛规则裁判法》又对何谓妨碍比赛，由谁判罚，判罚的轻重档次等进行重申和补充。

"参赛双方的任何人用不正当手段、不文明表现，妨碍裁判员正常工作，干扰对方等不良行为均属妨碍比赛。"

妨碍比赛的言行，《04规则》举例：

（1）非击球员进入比赛场内。（2）用言行干扰对方击球员击球。（3）在场地内划沟、砸坑或投机取巧。（4）有意破坏场上局面或擅自移动场内外的球。（5）使用污言秽语嘲讽、谩骂裁判员等不文明的行为。

对妨碍比赛的言行，任何裁判员都可以向妨碍比赛者提出警告。在不接受警告时，主裁判员有权根据发生事件情况，由轻到重进行判罚，但判罚结果不应对犯规队有利。

判罚的档次，《04 规则》第十九条明确：（1）警告。（2）取消击球权。（3）自球放到界外。（4）过门、撞柱得分无效。（5）取消教练员或队员该场比赛资格。被取消资格的队员的球拿出场外，但该球此前的得分有效。（6）取消该队比赛资格。

106. 某位参赛队员擅自到场内参与比赛事宜，指点说话，甚至移动球位，是否犯规?

不是击球员的队员、教练员除妨碍比赛以外，不存在犯规问题。对擅自到场内参与比赛事宜，有指点说话等举动，通知其出场，不要说话就可以了，必要时可以给予警告。甚至有的移动球位，争论不休，影响比赛顺利进行，则可以按“妨碍比赛”这一条款进行处理。

107. 何谓“触球犯规”?

击球员因非规则允许的原因触及了界内球和界外球，为触球犯规。

（1）触及静止的球：失去击球权，把被触及的球放回原位。

例如：

①击球员进场时，触碰了球。

②瞄准和起杆前后触碰了球。

③击球员球槌等携带物，掉下触碰了球（击球员服装边沿、衣袖或所戴帽子掉下触及球，不为犯规）。

④撞击后，拿错了球。

⑤撞击后，拿起他球，又更换拿另一个他球。

⑥撞击后，拿球脱手掉下触及了球（包括界外球，不包括脚踩住的自球）。

⑦放球前，踩错了球。

⑧开球时，击球员用球槌或脚等重放自球。

⑨击球员用槌拖动被撞击的球。

⑩当要击自球时，球槌触碰了附近的他球。

⑪撞击后，自球未停稳就拿起已停稳的他球。

⑫被撞击的他球，又碰撞另一他球，另一他球未停稳就拿起已停稳的他球。

⑬撞击两个他球，闪击出的第一个他球未停稳，就拿起第二个他球。

⑭撞击两个他球，一个他球与自球接触，先拿起另一个没与自球接触的他球。

⑮闪击完了，抬脚后又触及了自球或他球。

⑯在进行续击或闪击的动作中，触碰了与之无关的他球。

（2）触及移动中的球：失去击球权，将自球放在犯规近处比赛线外的10厘米处，把被触及的他球放回原位。触及前形成的局面不变，触及后出现的情况不成立。处理结果不使犯规方获得利益。

例如：

①击球后，触碰了滚动中的自球。

②撞击后，他球未停稳就拿起他球。

③闪击后，被闪击的球碰上球门柱、终点柱等障碍物，反弹回来停止时与自球接触（本犯规处理：取

消续击权，自、他球位置不变）。

④闪击后，他球碰球门柱或终点柱（未满分）弹回又触及了脚。

108. 自球撞击他球后，当自球还在滚动时，就拿起已经停稳的他球，这是属于触及滚动球，还是属于触及静止球，该怎样判定？

属于触及静止球犯规，失去击球权，把触动的他球放回原位。

109. 击球员击自球时，自球碰到终点柱或门柱后，反弹回来又碰到击球员的脚或球槌，该怎样判处？

（1）自球如果是已过完三门的球，撞到终点柱时，则为满分成立，反弹回来既或碰到击球员的脚或球槌，也不成立，仍然应该将获满分的自球取出界外。

（2）自球如果不是已过完三门的球，撞到终点柱或门柱（撞门柱则包含已过完三门的球）反弹回来，又碰到击球员的脚或球槌，则为触及滚动球犯规。将自球放到最近比赛线外的 10 厘米处。

110. 自球通过一门时，碰撞了一个他球后过门，自球停留在场内，击球员在奔向自球时，脚又碰动了另一他球，对这种现象该如何判处？

这种现象是先为正当击球，成立，后为触球犯规，失去续击权。即（1）自球通过一门成立。（2）脚碰动另一他球为触及静止球犯规，将另一他球放回原位。

（3）击球员失去击球权。

111. 自球撞击一个他球，这个他球又碰撞了另一个他球，当另一个他球还没有停稳时，击球员就将被撞击的已停稳的他球捡起，是否犯规？该怎样判处？

犯规。应判为触及静止球犯规，将捡起的他球放回原位，另一他球在自然停稳处不动，击球员失去击球权（自、他两球所处位置，若是相距未超过 10 厘米时，自球则要拿到最近的比赛线外 10 厘米处）。

112. 自球撞击他球后，拿起他球，将他球脱手落地，重新拿起，或者球脱手落下碰到脚上或另一他球上，应该怎样判处？

（1）重新拿起他球，不为犯规，但有“10 秒逾时犯规”要求。

（2）脱手球落碰到脚上或另一他球上，视为触及静止球犯规，将他球和另一个他球都放回原位，击球员失去击球权。

113. 触球犯规时，应该怎样判处？

需要分清是触及静止的球，还是触及动态的球，是触及他球，还是触及自球，依据不同情况，采取不同的处理方法。

（1）击球员触及静止的球时，将被触及的球放回原位，击球员失去击球权。

（2）击球员触及动态中的自球时，将自球放到触球地点的最近比赛线外10厘米处。

（3）击球员触及动态中的他球时：

①将触及的他球，放回触球地点；

②将自球放到停止处的最近比赛线外10厘米处。

114. 有哪些情况要判处将自球放到界外？

依照规则的规定，有下列五种情况，应当判处将自球放到界外（最近比赛线外10厘米处）。

（1）触及动态中的球犯规。

（2）重复撞击犯规。

（3）界外球进场，直接触及场内球犯规。

（4）闪击过程中犯规（指在闪击过程中的任何犯规，按规定处理后，自球和他球相距不足10厘米者；闪击成功后，被闪击的球弹回停止时与自球密贴）。

（5）妨碍比赛犯规，情节比较严重时。

115. 如何处理比赛中断、延期及停止？

当因天气或其他情况使比赛一时无法继续进行时，主裁判员可宣告“比赛暂时中断”，记录员停表；当主裁判员再次宣告“比赛开始”时，记录员开表，继续计时，按原有的比赛状态和时间继续进行比赛。如果暂停后，不能继续进行比赛时，视情况可决定延期比赛或停止比赛。

（1）比赛开始20分钟前中断比赛并决定延期时，该场比赛无效，重新确定比赛日期、时间及地点。

（2）比赛时间超过20分钟后中断，不能继续比赛

时，应决定停止比赛。比赛成绩有效，不再重新进行。

116. 计时台宣布“比赛时间到”，主裁又呼号，是否有效？

这要掌握好时间差。在总记录台宣布“比赛时间到”之前或同时，主裁发出呼号为有效；在总记录台宣布“比赛时间到”之后，主裁发出呼号为无效，并且，应该及时纠正，按裁判员失误处理。当比赛时间接近结束时，记录员要辅佐主裁判员注意掌控好比赛时间，以避免出现争论。

117. 裁判员在执裁中，触碰了场内的球，怎么办？

触及静止球，恢复原位。触及滚动球，不予处理，停止前形成的局面不变。裁判员在做出“出界”手势的同时，用脚在比赛线内停住了该出界的球，仍为出界。裁判员触碰球为工作失误，应及时发现，及时纠正。

118. 裁判工作的八字方针是什么？

严肃、认真、公正、准确。

119. 裁判员在执裁工作中的五项配合原则是什么？

这个问题在《1994门球竞赛裁判法》中已经明确，《1999门球竞赛规则裁判法》也有重申。

（1）观察最清楚：选择最佳位置观察。

（2）宣判最及时：选择最佳时机宣判。

（3）分工最理想：甲、乙裁判各有重点，随时可以换位。

（4）处理最迅速：缩短裁判员的用时。

（5）体力最节省：选择最佳跑动到位路线。

120. 常用的基本比赛方法有几种?

有两种：（1）循环赛；（2）淘汰赛。

121. 何谓循环赛?

循环赛，就是参加比赛的各队之间，轮流进行比赛一次，彼此都要见面相遇。根据各队胜负的场次积分多少决定名次。这种比赛方法、名次的确定，是比较合理的。

若分若干个小组，各小组进行循环赛，称为分组循环赛。即小组内各队之间相互进行比赛一次。

122. 何谓淘汰赛?

淘汰赛就是所有参加比赛的队，首先按照编排的比赛秩序、号码位置，每两队之间进行一次第一轮比赛，胜队再进入下一轮比赛，负队便被淘汰，失去继续参加比赛的资格。能够参加到最后一场比赛的队，胜队为冠军队，负队为亚军队。

淘汰赛的优点是，参加队数多，而比赛所用天数少。缺点则是偶然性很大，一着不慎，就有被淘汰的可能。因此，每场比赛都是关键，都要全力拼搏。

123. 请举例说明，如何编排循环赛各轮的比赛场次?

一般都是采用“固定 1 号位，按逆时针轮转”的

方法，排出各轮的比赛场次。

下面以 8 个队为例，说明双数队如何进行轮转编排。

第一轮	第二轮	第三轮	第四轮	第五轮	第六轮	第七轮
①–8	①–7	①–6	①–5	①–4	①–3	①–2
2–7	8–6	7–5	6–4	5–3	4–2	3–8
3–6	2–5	8–4	7–3	6–2	5–8	4–7
4–5	3–4	2–3	8–2	7–8	6–7	5–6

下面以 7 个队为例，说明单数队如何进行轮转编排。

第一轮	第二轮	第三轮	第四轮	第五轮	第六轮	第七轮
①–0	①–7	①–6	①–5	①–4	①–3	①–2
2–7	0–6	7–5	6–4	5–3	4–2	3–0
3–6	2–5	0–4	7–3	6–2	5–0	4–7
4–5	3–4	2–3	0–2	7–0	6–7	5–6

124. 何谓一轮？何谓一场？

参赛各队都出场比赛一场（轮空也算比赛了一场）叫做“一轮”。两个参赛队之间比赛，叫做“一场”。

125. 怎样计算循环赛的轮数与场数?

轮数：如果参赛队为双数，轮数等于队数减 1。比如，有 6 个队参加比赛，6 减 1 为 5，即 5 轮。如果参赛队数为单数，则队数即为轮数。比如，有 9 个队参加比赛，即为 9 轮。

场数：循环赛的场数计算公式是，

$$\frac{队数\times(队数-1)}{2}=场数$$

如果是分组循环赛，要计算其轮数与场数，计算公式如下：

轮数 = 队数最多组的轮数。

场数 = 各组场数之和。

126. 如何掌握循环赛的抽签原则?

抽签是为编排比赛秩序表而进行的一项带有技术性的工作，它可以保证整个比赛是在合情合理、力量均等的情况下圆满完成。

抽签的原则：

（1）设种子队时，应把种子队分别进入各组的 1 号位。种子队多时则应按蛇形排列进入各组的 2 号位，以达到各组实力指数相等。

例如：依据上次大赛的前 8 名为本次比赛的种子队，分两个小组进行单循环比赛，按蛇形排列，则编组如下：

A组	1 ↓	4 →	5 ↓	8
B组	2 →	3 ↑	6 →	7 ↑

以上两个组的指数都为18，实力均等。

（2）非种子队抽签：先把同一地区、系统、单位抽入不同的组内，其余的队任意抽签进入各组。

127. 安排循环赛日程表时，应注意满足哪些要求？

（1）不应连场。不得已时应延长休息时间。

（2）尽量避免某一个队过多使用同一个场地。

（3）尽量使每个队上、下午的比赛场次均匀。

（4）一节（半天）比赛不超过6场，每队不超过3场。

128. 请举例说明，如何编排淘汰赛？

编排淘汰赛秩序，应根据参赛队数的多少，选择号码位置数，即选择与参赛队数最接近，而且是较大的2的乘方数作为号码位置数。

比赛中常用的号码位置数有：

$2^2=4$　$2^3=8$　$2^4=16$　$2^5=32$　$2^6=64$

现以10个队参赛为例，作一具体说明：10个队参赛就要选择比10大，而又是接近10的，便是16，所以选择16个号码位置（图4），从图4看，这样编排是比较合理的，16个号码位置平均为上、下两半区，即上、下半区都是5个队，到决赛时，各是由5

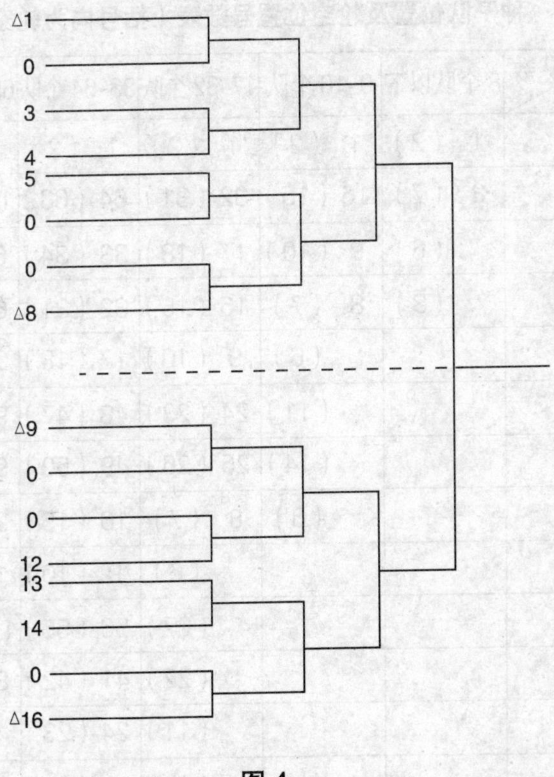

图 4

个队赛出一个队，参加决赛（10 个队参赛选用 16 个号码位置数，就要有 6 个轮空位置，经过查表，便可知道，1、16、9、8 序号为种子队位置，2、15、10、7、6、11 序号为轮空位置（表 1，种子队位置及轮空位置号数表）。

依据抽签原则，确定种子队和非种子队的号码位置。

表1　种子队位置及轮空位置号数表（括号内为轮空位置）

序号＼队数	8个队以下	9~16个队	17~32个队	33~64个队	65~128个队
1	1 （2）	1 （2）	1 （2）	1 （2）	1 （2）
2	8 （7）	16（15）	32（31）	64（63）	128（127）
3	（6）	9 （10）	17（18）	33（34）	65（66）
4	（3）	8 （7）	16（15）	32（31）	64（63）
5		（6）	9 （10）	17（18）	33（34）
6		（11）	24（23）	48（47）	96（95）
7		（14）	25（26）	49（50）	97（98）
8		（3）	8 （7）	16（15）	32（31）
9			（6）	9 （10）	17（18）
10			（27）	56（55）	112（111）
11			（22）	41（42）	81（82）
12			（11）	24（23）	48（47）
13			（14）	25（26）	49（50）
14			（19）	40（39）	80（79）
15			（30）	57（58）	113（114）
16			（3）	8 （7）	16（15）

129. 怎样计算淘汰赛的轮数与场数?

淘汰赛的轮数与场数的计算方法是:

轮数＝号码位置数的指数＝n

场数＝参赛队数－1

例如:

参赛队数	号码位置数	轮数	场数
8	2^3	3	7
15	2^4	4	14
30	2^5	5	29
58	2^6	6	57

130. 如何掌握淘汰赛抽签原则?

(1)抽种子队: 把号码位置按顺序平均分成2~8个区。抽种子队时要合理分在不同的区。按“种子位置表”安排种子队，即可做到种子的合理分开。

(2)抽非种子队: 在进入号码位置前，要先把同一地区、系统、单位的队抽入不同的上、下半区和不同的1/4区。应按实力情况把一队、二队分入上、下半区，三队、四队也分入上、下半区，而后再把同一半区的两个队分入不同的1/4区，以实现合理分开。其他队任意分入1/4区。

(3)轮空位置: 根据第一轮设“轮空位置”和“种子优先轮空”的原则，排出“轮空位置表”，以方便使用。

轮空位置的数量=号码位置数−参赛队数

131. 在编排淘汰赛位置表时，如何采用“抢号”和“附加赛”的方法?

(1)抢号

为了不在第一轮中设置很多轮空位置，科学调控比赛时间、比赛场地，节省人力，在参赛队稍大于某

一个号码位置数 2^n 时，仍用 2^n，在轮空位置设 A、B 号进行抢号（图 5）。

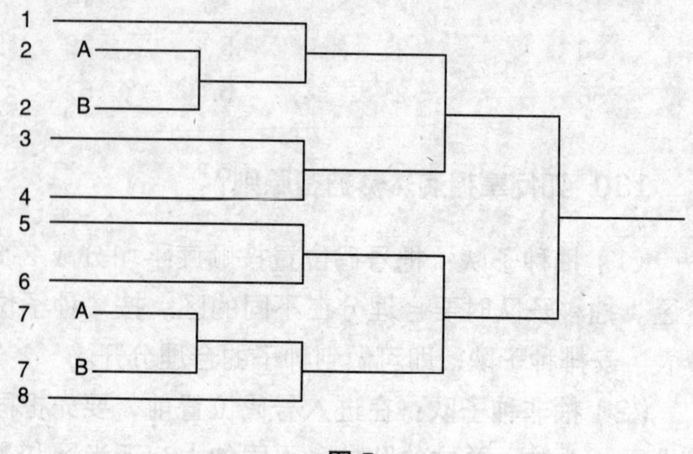

图 5

（2）附加赛

为了避免名次并列，可设附加赛。如图 6 所示，实线表示胜方，虚线表示负方（以录取、排列前八名为例）。

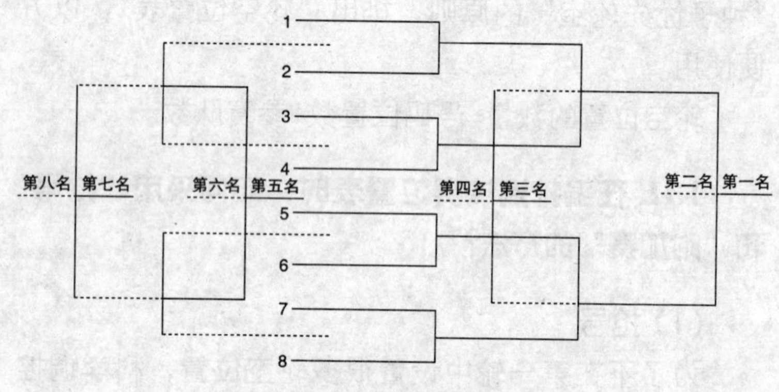

图 6　前八名附加赛位置表

132. 怎样查看、填写循环赛的成绩表?

成绩表是记录每场比赛成绩和最后决定比赛名次的依据性资料，它是通过表格的形式而将比赛成绩记载下来的。循环赛成绩表的内容，包括比赛队队名、双方各场比赛的胜负比分，以及计算名次所需要的胜场次、相等队净胜分、全阶段净胜分、名次，格式及内容见表 2。此表在左端格内，从上到下排列的队名为己方队，在上端格内，从左到右排列的队名为对方队。己方队与对方队名的排列顺序，必须互为一致。

表 2 ×××× 赛比赛成绩表　　年　月　日

	甲	乙	丙	丁	戊	己	胜场次	相等队净胜分	全阶段净胜分	名次
甲		20:7	8:15	15:8	18:11	10:21	3	-4/0	9	5
乙	7:20		8:23	0:15	15:17	14:16	0			6
丙	15:8	23:8		8:15	13:18	15:14	3	-4/0/-7	11	4
丁	8:15	15:0	15:8		22:17	6:15	3	-4/0/+7	11	3
戊	11:18	17:15	18:13	17:22		19:8	3	4		2
己	21:10	16:14	14:15	15:6	8:19		3	8		1

编排、记录组的工作人员需要跟上比赛进度，依据有双方队长、裁判长等有关人员签字的门球记分表，及时将成绩登记入表，并予以公布。

成绩表的填写方法：

例如，甲队与丙队的一场比赛，比赛结果为8∶15，丙队胜。填表记分时，先从左端的队名内找到丙队（作为己方），再从上端的队名内找到甲队（作为对方），在两个队交叉空格内，填写丙队的成绩，即15∶8；再从左端的队名内找到甲队（作为己方），然后从上端的队名内再找到丙队（作为对方），在两个队交叉的空格内，填写甲队的成绩，即8∶15（将己方队的得分写在前面，将对方队的得分写在后面）。

用红色笔记胜方成绩，用蓝色笔记负方成绩。同分后的胜负或同分决胜期的胜负，在胜方得分的右上角记+1。例如，乙队与丁队的一场比赛，同分决胜后，乙队获胜，在乙队的横向格内，便记x^{+1}∶x，在丁队的横向格内，便记x∶x^{+1}。

看成绩表时，就是要先从左端格内，找到作为己方的队名，然后横向往右逐格数记、查看。每个交叉格内所记载的成绩，正是与上端格内的作为对方队的当场比赛成绩。这样就可以了解到某个队在这一阶段循环赛中所取得的成绩了（获胜场次）。

133. 循环赛怎样计算成绩、排列名次？

《04规则》中的对循环赛计算成绩、排列名次所采用的方法，与原规则有所不同，比较简便。

计算程序是：

（1）先计算各队胜场次，多者名次在前。

（2）若有胜场次相等的队，则计算相等各队之间的净胜分（各队的胜分和减去负分之和），多者名次在前。

（3）若仍相等，则计算相等各队的全阶段的净胜分（全阶段胜分和减去全阶段负分和），多者名次在前。

（4）若仍相等，则用抽签决定名次。

（5）不论计算到哪一步骤，只要出现了不相等的队，则剩下的各相等的队再从（2）算起，直至计算出全部名次为止。

以表 2 为例：

按（1）计算，甲、丙、丁、戊、己各胜 3 场，乙胜 0 场，乙为第 6 名。

按（2）计算，甲、丙、丁的净胜分为 –4，戊的净胜分为 4，己的净胜分为 8，己为第 1 名，戊为第 2 名。甲、丙、丁为第 3~5 名。

根据（5）还要从（2）算起，甲、丙、丁的净胜分都为 0。

再按（3）计算，甲的全阶段净胜分为 9，丙、丁的全阶段净胜分为 11，丙、丁为第 3、第 4 名，甲为第 5 名。

再按（2）计算，看丙和丁的净胜分，丁为 +7，丁为第 3 名，丙为 –7，丙为第 4 名。

至此，全部名次均已排定。

134. 进行门球技术基础功底习练，应以哪些项目为重点？

所谓基础功底，就是能够为其他各项功夫作底的

最基本的起码功夫。在这个基础之上，再生发、形成各种技能、技巧，达到心想事成的程度，从而确保指挥员的战术打法得以顺利贯彻执行。

击球员习练门球基础功底，要从提高三个方面的能力入手：一是提高目测自球与他球（目标点）之间距离的能力；二是提高观测自球、他球、自球落位点三者之间所构成的角度之能力；三是提高依据角度、距离、场地、风向等情况而适当用力的能力。

习练基础功底的过程，就是锻炼、形成这三种能力的过程。日常习练时，应以基础应用球作为习练重点项目，即击球过门、打擦边分球、造打双杆球、远距离撞击球、闪击闪带球、击球送球到位。

135. 怎样才能打好自球过门？

击打自球过门，从距离上看，有远有近；从角度上看，有正面有斜角侧面。有一定难度的还是超过4米距离的远过门，特别是斜侧角度狭窄的远过门更为困难。因此，要求击球员必须具有扎实的击球基本功和良好的心理素质作保证。正面击球过门，当然还是要掌握好四点成一线的瞄准准确。其目标点必须是定在两门柱门的中心点，绝对不能笼统地以整个门为目标点。至于斜侧过门，角度越小，距离越远，则难度越大。根据实战情况，综合分析，球过门最小的可行角度，可以确定为夹角20°。例如，自球在二门右侧1号位，靠近边线。从二门两门柱延伸一条平行线，拉长到二边线，在这个终止点，再向二角方向延伸，约

85 厘米，再将自球移动到这里，以自球为点，与两门柱相交，即可构成夹角 20°，而这时从侧面观看两门柱间斜向距离，则缩小变窄为 8 厘米。由于球体的直径为 7.5 厘米，因此说，击球员只要做到沉着冷静，保持心理平衡，击得准确，发挥得好，仍然是可以从容过门的。关键之处还是在于以两门柱间的中心点为目标点，形成一条四点一线的瞄准线。有的临场经验丰富的击球员，当遇到斜侧过门难度较大时，则在距离自球前方约 10 厘米处，选定一个正处在瞄准线上的较为显眼的小沙粒，作为最近目标点，在挥杆击球时，就笔直地沿着瞄准线，朝这个小沙粒击去。经测验证明，采取这种方法的成功率还是比较高的。

136. 撞击球应掌握哪些技能要领?

从准备击自球到完成撞击他球，在短短的 10 秒钟内，要经过三个步骤，其技能要领是:

（1）**站位**。中国的打法较为普遍应用的是正面撞击。要求击球员面向自球与目标点，双脚平行居大多数，两脚尖与球的距离，在 20~30 厘米，球与双脚脚尖三者呈现三角形。身体摆正，不要扭曲。也有的击球员采取一只脚在前，一只脚在后的站位方法。在前边的一只脚，脚尖置于自球的后面外侧，与自球距离约 5 厘米。脚掌里面一侧接近瞄准线，给挥杆击球发挥笔直作用，避免杆摇摆，偏离瞄准线。

（2）**瞄准**。瞄准是取得成功的关键。在站好位置的同时，双眼就要从自球投向撞击目标，对撞击目标

（他球）选定一个被撞点，然后从被撞点将视线拉回到自球的中心点。通过视线扫描，从被撞目标的中心点经过自球中心点，到槌头、槌尾中心点，迅速、及时调整槌尾、槌头，形成一条笔直线，即所谓四点一线。值得特别注意的是，槌尾的中心点一定要放置在瞄准线上。击球员必须是通过来回两次扫瞄，达到很清晰地认准这条瞄准直线。

（3）挥杆击球。在已经瞄准形成一条直线的基础上，击球员要认定槌头的中心点和自球的中心点。这个“点”应该微小到小米粒那么大。将眼睛盯住这两个“点”，然后确保打正、击准、不偏不倚地顺着瞄准线，挥槌击出自球。为了保证做到准确无误，击球员在挥杆时要做到“短”“平”“稳”。“短”就是后拉槌头，不要幅度太大，视距离的远近，宜在5~20厘米以内。“平”就是避免高抬槌尾，偏离瞄准线，宜使球槌沿瞄准线平行。“稳”就是避免急忙一击，必须是稳稳当当让槌头的中心点，恰当击中自球的中心点。在挥杆时，宜发挥腕力作用，以前臂助力，不宜高抬上臂挥槌。

137. 对远距离撞击他球或远冲过门，都应掌握哪些技术要领？

一般来说，超过8米远的撞击或过门，就可以说是远撞，远冲了，其基本技术要领，与近距离撞击、过门是相同的，只是难度加大了，需要在掌握技术要领的基础上，形成技能技巧，功夫过硬。

在习练中，要注意：

（1）**站位要正**。虽然每位击球员采取的击球姿势不尽相同，但身体要摆正，不要扭曲歪斜，头部正面朝前，保证双眼正视，却是一致的要求，特别是距离较远，更应该便于远视，视线清晰。

（2）**通过瞄准，构成四点一线**。两眼正视前方的撞击目标（他球或两门柱的中心点），然后回视到自球的击球点，用五六秒钟的时间来回瞄视两三次，随时进行微调球槌（主要是槌尾），确定从目标的中心点，到自球的中心点，槌头槌尾的两个中心点（槌柄要直立，不歪斜），沿着四个中心点，形成一条笔直的线，即瞄准线。

（3）**适度用力，平稳挥杆击打自球的中心点**。要稳住神儿，精神集中，充满信心，保持心理平衡。挥杆一击的一刹那间，正是成败的节骨眼儿。必须死死盯住瞄准点，沿着瞄准线，将槌头的中心点，准确无误地击打到自球的中心点。击球力度必须适当，缓慢拉杆，使用腕力，抬动前臂，上臂不宜高抬，可以贴靠于两肋，要顺着瞄准线将自球击出。切忌用力过猛，使击点变位，偏离瞄准线。

138. 打好擦边球的技术要领有哪些?

打好擦边球的关键，在于目测好距离、找好角度、用好力度。距、角、力三者恰到好处，就是取得擦边成功的技术要领。目测两球间的距离，也包括自测球擦边后，球的落位距离。这一点需要通过反复实践而

形成能力。目测距离为的是给击球时用力的大小提供依据。找好角度需要应用三角知识，通晓自球的中心点，撞击到他球的哪个部位，能够构成一个什么样的角度，从而保证将自球很好地分流到理想的位置。保证将自球分流到理想的位置，除了找好角度之外，还有个用好力度的问题。每次击打自球，需要用多大的力量，不是用语言文字可以说明白的，要靠击球员自己去体会，靠潜心领悟。因此说，需要多练多打，从打、练中获求真知。

139. 闪击球应掌握哪些技能要领?

击球员闪击球时所采取的姿势有弯腰单臂式闪击，还有站立双臂式闪击。不论采取哪种闪击姿势，而达到闪击成功的关键，就是要求瞄准准确。

闪击瞄准的技能要领是：在踩球前，首先目视好自球与闪击目标的方向，然后再按脚与闪击方向呈90°~110°角，将脚踩在自球上（将自球留出脚底外1/3）。这样，便于瞄准和闪击。瞄准时，要使自球、他球与闪击目标形成一条笔直的闪击方向线。他球如果没有处在直线上时，可以用手及时调整、移动，将槌头放在这条直线的延长线上。当已经看清这三者处在一条直线上时，瞄准即为结束，紧接着就是沿着闪击方向线，将槌头击球面的中心点，准确地击打在正处于瞄准线上的自球球肚儿顶端端点上，即自球的中心。槌头能否真正击打到这个点上，正是能否达到闪击准确的所在。这一要领最为重要，为此，要求挥槌

时，槌头要沿着击球方向线击球。

140. 配置双杆球需要掌握与运用哪些技巧？

配置双杆球是对有意制造双杆球而言。制造双杆球的种类有三：门前双杆、门后双杆、场地双杆。配置过门打双杆球，要求指挥员、击球员具有门后靶球对应区域（图7）和门前箭球对应区域（图8）常识，只有掌握了这种知识，才能知道应该往什么方位击送球，进行配置，以便使箭球与靶球相对应，构成打双杆的角度。除此，还要求击球员具有击送球力度适当，使球到位理想、角度适度的技巧。配置场地双杆球，需要充分地运用闪顶球技术，使不具有打成双杆角度的球，通过闪顶移动他球，为主击球形成打双杆球的角度。还需要充分地运用闪送球的技术。为主击球配置先擦撞一，接连再撞二的适宜角度，也需要击球员具有击自球到位，力度、角度都恰到好处的技能技巧。

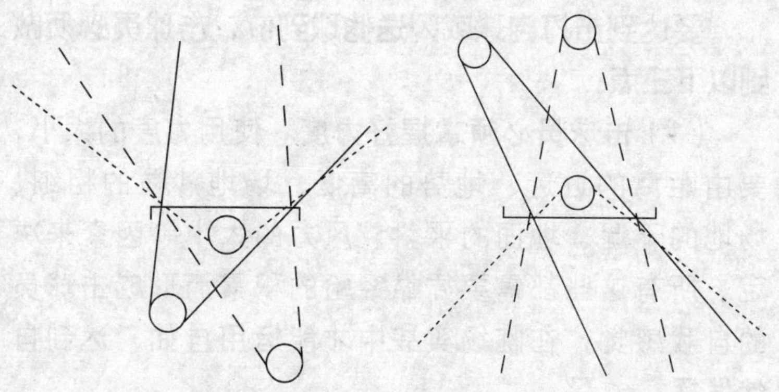

图7　门后靶球对应区　　　　图8　门前箭球对应区

141. 打成双杆球要求击球员具备哪些技能技巧?

打成双杆球要求击球员必须具备过门技能和打擦边球的技能。这样，不论是打门前过门双杆，还是打门后过门双杆，或者打场地双杆，才能针对不同角度、不同距离，确定擦边的大小和使用不同的力量。撞击准确、擦边角度适当、力度恰到好处是打成双杆球必须具备的三项技能技巧。

142. 击送球到位有何重要作用? 应掌握哪些技术要领和战术原则?

缩短球与目标的距离是门球比赛取胜的重要条件，击送球到位正是为了达到这一目的而采取的技术手段。击送球到位包含击打自球到位和闪送他球到位。“到位”是起搭桥接应作用或构成适宜角度，为他球擦边奔向目标或形成双杆球创造适宜角度。因此说，击球员具有击送球到位的基本功是十分重要的。

要达到击打自球或闪送他球到位，击球员必须做到以下三点:

（1）**击球员必须掌握好力度**。使用力度的大小，要由距离的近远、地势的高低、场地沙粒的粗细、场地的干湿、地面的平斜、风力的大小等因素来决定。所有这些都需要凭靠经验的积累而形成击球员的自我感觉，在临场实战中才能运用自如，达到自然发挥。

（2）**击球员必须具有良好的战略战术意识**。选定

闪送球的到位点，能够主动地体现有利于己方而不利于对方的战术原则。例如，闪送王牌球到对方的球群处，击球员就要自觉地将球闪送到对方球群（几个球互相接连成片）的某一头，而不闪送到对方几个球的中间处，以使王牌球便于擦打这一个球，再奔向另一个球，连续吃球，从而全歼消灭之。

（3）**避开对方先手球的袭击**。不论是击打自球去接应己方球，还是闪送己方他球去某一位置，都要看看是否会给对方先手球造成便于袭击的条件，做到防患于未然。例如，形成聚堆球势，构成“眼镜”球、“扇子面”球等都会使对方先手球便于袭击。

143. 何谓技巧球？技巧球都有哪些？

技巧球是与基础应用球相对而言的，它们二者之间并没有什么严格的区分。比较起来说，技巧球的形成是具有一定难度的，它的技艺性较强。这主要是要靠击球员具有较为深厚、扎实的基本功功底，又加之击球员具有较强的战术意识，思维敏捷，反应快，在力求高效的思想支配下，随机应变，敢于主动地采取一定的制作手段，从而打出在一般情况下不容易出现的高效球。这样的球，便可以统称为技巧球。

技巧球多种多样，在数目上难以作回答。下面列举几个能够经常见到的技巧球。

（1）**擦顶球**：这里的“顶”是指顶尖的顶，头顶的顶。在自球的正前方有个他球，自、他两球相距20~40厘米，采取压打或刨打的方法，使自球擦到前

方他球的顶部而过，到达前方的一个理想位置，完成战术任务。这种球即为擦顶球。

（2）**越顶球**：采取压打或刨打的方法，让自球在前方他球的上顶腾空越过，以避免重复撞击，使自球达到撞柱抢分或过门抢分并获得续击权的目的。这种球即为越顶球。

（3）**闪顶球**：这里的顶是当撞顶讲的顶。闪击他球时，以他球为弹，将另一他球撞顶移位，可以配置双杆，可以撞顶出界，可以撞顶另一个他球移动过门或撞柱。这种球即为闪顶球。

（4）**绕圈擦打球**：这种球主要靠击球员具有相应的谋略和擦边他球落位适宜的技能、技巧。通过擦边前一个球，再去接近后一个球，形成绕圈擦打，逐个清洗的良好局面。

（5）**打造双杆（多杆）球**：善于打造双杆（多杆）球，需要具备驾驭球的角、距、力之能力，才能擦打一，碰撞二，或过了门，又撞上了球。双杆（多杆）球的形成，其技巧的含量很高，既包括会击打，也包括会配置。

144. 一门留球有何作用？有何规律可以遵循？

从 1996 年 4 月 1 日起实施《1996 修改条文》，规定同一号球三个轮次不过一门时，便取消该击球员和该球在该场参加比赛的资格，因此说，一门留球的打法，从规则上便给予了限制。纵观比赛现场，在基层日常康乐性的比赛中，则基本上没有受到一门留球

的限制，大多数都是酌情放宽执行。正式的大型竞技性的比赛，虽然仍有一门留球的打法，但很少也只能限于前两个轮次之内。

《04 规则》在各条款之后，有五项附则，供各地、各单位根据自己的特点和赛会的性质决定如何使用。附则中有“允许放弃过一门”和“同一号球如三轮没有通过一门，则失去比赛资格”二则规定。据此，展望未来，球门战术将要出现新的发展变化。

按《1996 修改条文》的规定，由于自球过一门后，撞上一个他球，直接打成双杆，已被取消。一门留球的目的、作用，则在于：（1）在直冲二门没有把握的情况下，为了保存、积蓄力量，留有后劲儿，暂时不过一门，等到下一轮条件宽松时，再过一门；（2）一门留球可以控制一门后二门前约占全场 2/5 的区域；（3）可以靠他球接应，便于过二门或擦向他球、擦向三门、二门等方位；（4）可以靠两个他球摆在一门后，球过一门后，续击时打成场地双杆球；（5）由己方执杆球为待过一门的下号球，闪送一个相临的远号球到一门后，为其过一门，打造王牌球。

如何进行一门留球，并没有固定模式，需要随机应变，谈不上有何规律可以遵循。下面从开局时，主要是第一、二轮的布阵与冲击兼顾的综合型打法角度，谈一谈一般做法。见图 9。

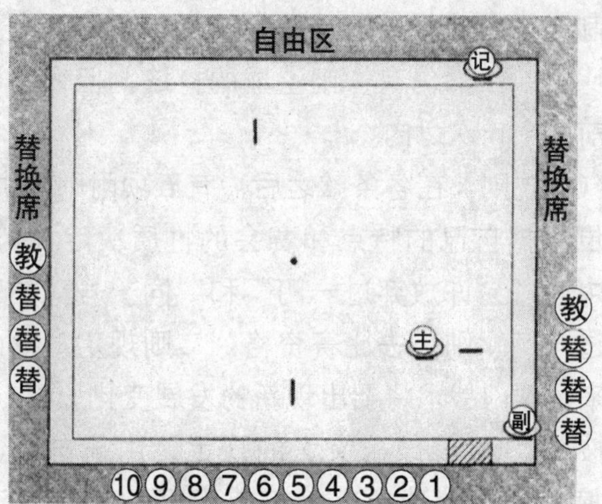

图9　比赛开始时站位

注：图中“主”指主裁，“副”指副裁，“记”指记录员，“替”指替补队员，“教”指教练员

①号球：

①号球绝大多数都是要力争过一门。过一门后，也是绝大多数要占据二门一号位，距离边线越近越好。

占据二门一号位的球，有两种情况，一是位置好或较好，距离边线在15厘米以内，另一种是距离边线较远，不够理想，在15厘米甚至30厘米以外。针对这两种不同情况，一门留球就要有所变化。对前一种情况，留球要多，特别是直冲二门没有把握时，都要留球。但是有些球队，当执行《1996修改条文》时为了避免三次不过一门而被取消这场的参赛资格。在这种情况下，也不予留球，球过一门后，打向四角到三门前的边线区域，拉手结组。对后一种情况，远撞较准的球，则都要过一门，直接撞击踞守二门的占位球。

二门的占位球由己方友球撞上时，可以闪送过二门到底线，然后自球占位，也可以闪送到二门一号位的边线，避免被对方吃掉，安全隐蔽，继续占位；自球则争取过二门，门后有对方球时，尽量将对方先手球吃掉，然后将自球打到适当位置（有五个方位可供选择：二门后没有对方球时，可以打到三角靠近边线；可以打到三边线的中间段，即二门一号位占位球，过二门后的落位点，实行隔门拉手结组；可以打到四角；可以打到三门前；已是第二或第三轮时，也可以打到一门后接应己方待过一门的友球）。

二门的占位球由对方球撞上时，则将被吃掉，由对方球取代占位。

②号球：

当①号球没有过一门或过一门成立，而在压边线时球出界，②号球则要过一门，压在二门一号位边线（如此接续，直到有个球压到二门一号位边线为止）。此外，②号球有四种打法，针对场上双方形势的需要和队员的技术水平，可适时选取。（1）一门留球，为下一轮打⑩接②设下埋伏。采取这种打法，主要是看①号球在二门一号位压线好。（2）①号球压线距离边线远时②号球应过一门打到位，然后续击“钉子”球。没有撞中时，争取自球落位到三角底线。（3）过一门后，直冲二门。应防止卡到门柱左右，应防止自球出界。冲过二门时，则将自球打到适宜的位置。例如，去三门占位。（4）过一门后，球落位不理想时，则将

球打到四角与三门间的边线区域，看条件，当安全时，可以与后序球在这个区域拉手结组，施行四角线战术。

③**号球：**

当①号球成为界外球或没过一门时，②号球已过一门，占据了二门一号位，③号球宜留球放弃过一门，以便下一轮由①号球在一门后接应。

当①号球已占据了二门一号位，②号球一门留球时，③号球也可以一门留球，给②号球以压力，并防止⑩、②、④号球打一门后的接应。

当①号球在二门压边占位不理想，有被对方吃掉的可能时，③号球需要过门撞击①号球。这是紧急行为，撞中后可以改变被动局面，获取主动。

当二门后没有②号球时，③号可以直冲二门，冲过二门后，可以将球压到适当位置。但是，一旦撞上门柱，球停在门柱旁时，则会引起后患，给对方带来有利条件。使对方便于直冲二门，或者让对方撞上③号球时，诛连到①号球也可能被闪带出界，将二门丢失。因此，在一般情况下，③号球还是放弃过一门，留下后劲儿。

当③号球勉强过了一门时，需要躲开下一轮②号球的威胁，可以打向靠四角的两条边线附近，可以打向与①号球隔门结组的方位，即三边线中间段。

④**号球：**

在①号球或③号球占据二门，易于被吃掉时，可以考虑过一门，然后“拔钉子”。

④号球直冲二门，如果比较有把握时，可以考虑

过一门，冲过二门后，将球打向三角边线，或者打向三门前。假如②号球在四角、三门前一带，在对方不至于闪送①号球的情况下，可以靠向②号球（应注意，保持一定的距离，顺边线拉手）。

在②号球已经一门留球，③号球又过了一门的情况下，④号球宜一门留球，下一轮可以形成②接④，便于冲向二门。

当第一轮②号球一门留球时，⑩号球在第一轮过一门后，视情况，即可以停留在一门后，接应②号球过一门；有可能撞击到④号球时，又可以撞击在场内的④号球（在不受①号球的威胁情况下），然后闪送到一门后，便于第二轮②号球过一门后撞击，④号球即有可能成为王牌球（注意：远离③号球，不受其威胁）。

⑤、⑥、⑦、⑧**号球：**

⑤、⑥、⑦、⑧号四个球可以从既防止被对方吃掉陷于被动，又要从积极进攻，消灭对方，占据优势的角度去考虑举措。例如，红方在二门后，已经有了一个前序的球时，红方的后序球就不要再冲二门。因为，一旦冲不过二门，都堆积到二门后，当白方有后序的球，冲过二门时，容易拿红方的前序球当“炮弹”，连据守二门的红方占位球都将被闪带出界。这一点是应该警惕的。再如，二门后已有②、④、③几个球，⑤号也可以考虑冲二门，一旦成功，则可将②、④开除界外，③号球与⑤号球到安全地带隐蔽，下一轮③打⑤即是王牌球，而决定⑤号球是冲还是留，其关键是要看⑤号击球员冲二门的基本功如何，是否有把握。

当对方相邻两个球在场内构成结组球时，己方的中间保护球又难以发挥保护作用时，己方的后序球都应该一门留球。例如，②、④号球已在四角前的边线结组，而③号球又“自杀”出界，⑤、⑦、⑨号后序球就宜一门留球，为防止下一轮对方派遣④号王牌球，大开杀戒。再如③号球既或处在界内，而②号球给④号球做成擦边角度时，③号击球处理不了④号球时，④号球仍然可以擦边②号球，奔向理想位置，发挥威力。

由于《1996修改条文》规定了自球三个轮次不过一门，将被取消本场的参赛资格，所以现在都是尽量抢在第一、二轮便过一门。⑤、⑥、⑦、⑧号球过一门后，有的积极主张冲二门，有的主张打到从四角到三门前的边线区段，实行邻近两个球结组拉手，或者，到第四角，实施四角线战术，为下一轮发动进攻做好准备。应该说，这两种主张都各有道理，按照门球比赛的特点，要灵活多变，不能僵化，哪个球该怎样打，还是要因人制宜，顺势而行。

⑨号球：

⑨号球是留，还是冲，要看从①~⑧这八个球是怎样举措的。

用⑨号球过一门后，去接应据守二门的①号球，以便①号球过二门，再处理二门后的他球，这是下策，是图侥幸。因为极容易被⑩号球过一门后，击中⑨号球，以⑨闪带①，⑨、①两个球都被吃掉。

此时，在场内有对方的拉手球时，⑨号球也不宜

过一门，可以留球，蕴藏后劲儿。如有直冲二门成功的把握。当然也可以直冲二门，不过忧喜各半。如果对方在场内已有聚堆球时（假如，在三门前）⑨号球宜轻过一门，撞击对方聚堆球。如果对方没有拉手结组球时，⑨号球可以过一门，过一门续击到二门后左侧，接应下一轮①号球过二门后，擦边奔向三门。

⑩号球：

⑩号球要过一门。过一门后接应②号球过一门最为稳妥，发挥②号球擦边前进的作用。⑩号球如果硬冲二门，也忧喜各半。

⑩号球也可以远距离冲击对方的聚堆球。

145. 当球过一门后，直接冲二门时，会出现几种情况？

会出现八种情况。

（1）既冲过了二门，成立得分，又撞上一个门后（或门前）的他球，获双杆。

（2）冲过了二门，成立得分，获续击权。运用续击权可以撞击二门后的他球，也可以将自球打向其他方位。

（3）冲过了二门，成立得分，但自球出界，没有续击权。

（4）既没有过二门，又冲出了界。

（5）球没过二门，从门旁溜到门后，停留在界内。

（6）球撞上门柱，没有过门，停留在二门的附近。

（7）用力小了，球到门前停下。

（8）球没过二门，但撞上门后或门附近的他球，有的利用他球，将对方据守二门的对方球闪带出界，有的借着擦边球，又转移到门前过门或占守二门位置，有的处理了被撞他球之后，将自球打到其他方位。

146. 什么是王牌球？怎样孕育、形成王牌球？怎样防止对方出现王牌球？

所谓王牌球就是具有绝对杀伤力的强大球，是对方无法抗拒的头号球。例如，当③号球“自杀”出界，红方球出现空当，②撞击④，④就成为王牌球。因为，此时红方已经失去了③号球的保护。王牌球可分为全场性王牌球与区域性王牌球。全场性王牌球是对方的保护球正处在界外，或已经夺标，或因三次没过一门，已被取消本场次比赛资格，对己方友球丧失了保护作用，使对方王牌球可以“为所欲为”；区域性王牌球是对方的保护球还存在于场内，对王牌球具有一定的威慑力，对邻近的己方部分友球具有保护作用，而对距离远的另外区域的友球，则失去保护作用。区域性王牌球就是指对方失去保护作用的这个区域而讲的，它仅能对这个区域的对方球，具有绝对的杀伤力，可以“为所欲为”。

孕育、形成王牌球

有许多王牌球是需要经过孕育之后，才能形成的。孕育形成的条件如下：（1）对方有某个球“自杀”出界，或由己方将对方某个球开除出界，对方的五个球出现了空当。（2）对方有球过早地夺标（包括对方自行

夺标，或由己方将对方球闪送夺标)，对方的五个球出现了空当。(3)对方有球犯规，被判罚将自球拿到界外，对方的五个球出现了空当。(4)对方有球三次没过一门，被取消本场次比赛资格，对方的五个球出现了空当。抓住对方球出现的这四种空当时机，临场指挥员凭着调遣支配己方球的才能，便可以制造、形成王牌球。孕育的过程便是临场指挥员精心策划、精密组织的过程。例如，比赛的第一轮⑩号球过一门后，吃掉据守二门的①号球，然后续击过二门，又吃掉处于二门后的③号球，进而又撞击邻近的④号球，指挥员便指令将④号球闪送到一门后，因为②号球在第一轮是一门留球。①、③号球已经被闪击出界，对方失去保护球，②号球过一门，撞击④号球，即成为王牌球，可以闪送到场内任何一个方位，发挥作用。⑩号击球员经过这一系列的八次挥杆，最后孕育了②号球过一门后，再续击④号球，④号球成为王牌球。指挥员能够从⑩号球看到④号球，从②号球一门留球，想到④号球可以形成王牌球(前后是五个球、两个轮次)，显示了具有一种不失时机，不丢步数的胸怀和才能。

王牌球的出现，总括来说，有四种情况：

(1)通过运转传递形成王牌球。

运转传递的过程就是孕育的过程。每当击球员执杆击球时，指挥员总是要想到是否有条件可以形成王牌球，有些则是需要等待时机的，因过早地组合，让对方看到己方将要有王牌球出现时，对方会采取相应的对策。所以说“王牌球”不宜过早一次到位。例如，

③号球执杆“自杀”出界后，④号击球员执杆时，便径自将自球靠向②号球，这种打法是极不稳妥的，因为此时④号球是 10 个球中最小的，下面还要有 9 个球执杆。要是对方的其他四个球也已处在界外，或也能被己方球吃掉时，还可以，否则，对方在场内还有其他球时，②、④号两个球就有被对方破坏的可能。为了安全起见，所以需要采取运转传递这一手段，经过防御，再求形成。例如，当③号球执杆“自杀”出界后，④号执杆后收杆时，便要视场内安全条件，靠向⑥号球或⑧号球，由⑥或⑧号球传递给⑩号球，最后由⑩号球再闪送给②号球；或者⑩号球便于撞击②号球时，撞击后，在不受①号球的威胁情况下，由⑩号球将②号球传送给④号球也可以。经过这样的周折、运转传递，可以增加安全系数，成功率也就提高了。

（2）抓住对方球出现空当之机，及时利用擦边或过门条件，主击球奔向临近下手球，通过续击，击中后形成王牌球。例如，⑥号球过二门后，落位到⑦号球附近，擦边⑦号球奔向三门前的⑧号球，将⑦号球闪击出界，续击⑧号球，⑧号球即形成王牌球。再如，①号球过二门后，落位到③号球附近，续击③号球，③号球即成为区域性王牌球（因②号球还在，③号球只能在②号球不具有保护能力的区域，发挥作用）。

（3）充分利用对方球提前夺标，或三轮没过一门，该球被取消参赛资格之机，抓住对方球的空当不放，轮轮形成王牌球。

在比赛中，有时出现对方球自行提前夺标；有时指挥员指令己方的击球员，将对方已过三门的球给予闪送夺标。有时对方出现三轮没过一门，被取消该场参赛资格的球，则更是使对方球形成了全场比赛的空当。有心劲儿的有较强战略意识的指挥员，便要抓住这一良好机遇，坚持连续形成王牌球。因为，对方的这种空当不同于球出界的空当。球出界的空当是临时性的，经过一个轮次之后，便可以复活；而这种空当，是一个场次或半个场次的空当，属于几个轮次的空当问题。遇到这种情况，本队球在乘机过门得分的同时，可以很好地监控对方球，既可以通过转送传递，也可以在对方球全被清除出场之后，主击球与王牌球保持拉手结组，轮轮形成王牌球，压住对方不放。没经验战术意识差的指挥员，常常忽视这一点，不能完全发挥以“全”打“少”的优势，不能抓住对方球的空当，连续制造、形成王牌球，实在是遗憾、可惜。

（4）赶上机遇，顺其自然形成王牌球。

门球赛场上，常常出现新的机遇，一杆球就扭转了局势，往往就连本队也没有预料到，其中也包括王牌球的出现。例如，为友球吃掉对方的保护球。④、⑥号球在三门前结组，③、⑤号球在二门前结组，③、④、⑤、⑥号四个球，双双各居在一个门，形成犬牙交错。②号球处在二角，轮及②号执杆，一个远距离的撞击，先击中⑤号球，又续击击中③号球，这样就使红方失去了保护球。④打⑥便形成了王牌球。再如，先出现了双杆，运用两次续击，又出现了王牌球，在四角⑦号球已把⑧号球看住，⑥号球正是该过三门，处在三门前。轮

及⑥号执杆，⑥号过三门，又远距离击中处在一门附近的③号球，竟打成双杆。⑥号运用两次续击，到四角，先吃掉⑦号球，又撞击⑧号球，⑧号形成王牌球。还有，运用反破坏，又形成了王牌球，即先闪送去一个己方先手球，解救已被对方下手球看守住的己方友球。由己方先手球吃掉对方临近下手球后，被解救的己方下手球，即可以成为王牌球。像⑩号在二门前撞②号球后，恰好在四角③号球正看守④号球，便可以将②号球闪送给③、④号球。当①号球在二角执杆收杆后，②吃③，再撞④，④便成为王牌球。

防止对方出现王牌球

就是不给对方形成王牌球的条件，保护己方球不出现空当。为此，就必须要做到不“自杀”；不过早夺标；防止己方球被对方吃掉；警惕犯规，自球被判罚拿到界外；保护自球三次以内过一门。防备对方球擦边奔袭。己方五个球宜互为照应，分出有远有近的拉手结组，在没有危急的情况下不可太分散，七零八落。当预见到对方即将出现王牌球时，要采取积极主动的措施，竭力进行破坏。必要时，可以用自球顶撞，用己方友球闪带，擦边奔袭，远距离撞击等。

147. 在练球时，从执杆过一门，到撞击终点柱，最佳成绩可以击球几次？每次击球应达到的目标效果是什么？

最佳成绩为六次。第一次执杆过一门，到达便于直冲二门的方位；第二次执杆直冲二门成功；第三次执杆到三门前；第四次执杆过三门成功；第五次执杆

到终点柱附近；第六次执杆撞击终点柱成功。

148. 撞顶与擦边相结合的打法是什么？

请看图10，当7号执杆时，宣布“比赛时间到”，红方由于求胜得分心切，忽视了⑧号还有一杆球和其所处位置条件极佳的后果。⑦号球一举夺标，又赢得2分，双方比分成为16（①、③、⑤、⑦、⑨）：12（②、④、⑥、⑧、⑩）看来，红方取胜似乎是不成问题的了。可是，⑧号凭着还有一杆球，却扭转了乾坤。⑧号采用撞顶与擦边相结合的打法，借着擦顶⑥号球过三门的机会，将自球斜甩到距终点柱3米远处，利用获得的闪击权，将刚擦顶过三门（得1分）的⑥号球闪送夺标（得2分），再利用续击权，自球夺标（得

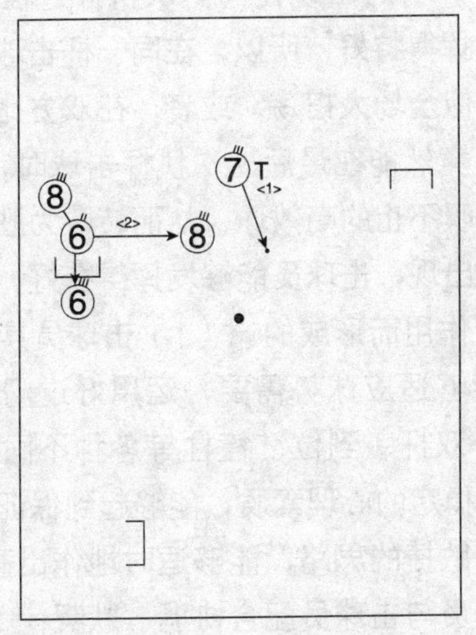

图10

2分），使双方比分从16:12变为16:17，白方转败为胜，这种将战术寓于娴熟的技巧之中的超常打法，使平静的场地，竟然出现了惊涛骇浪，令人刮目相看，咄咄称赞，8号击球员基本功实在过硬。

同理，当在自球前有一友球处在二门或三门前时，需要及时过门得分；而当其又是个王牌球时，自球便可以找好角、距、力，通过撞击的力量，将其撞顶过门，既可以获得过门分，又可以将其闪送到某一理想方位，发挥王牌球的作用。在需要抢时间、抢比分的时候，这种撞顶擦边相结合的打法最为有效，它是属于高效战术中的一种打法。

149. 如何提高在同一次执杆击球过程中的效果？

比赛中，有时出现在同一次执杆过程中，由于执杆击球员发挥得特好，所以，在同一杆击球过程中，能够创造出类似全场大扫荡，或者，在双方比分相差悬殊的情况下，竟然能在最后一次执杆击球时，频频得手，打出令人惊叹不止的高效球，从而转败为胜。但是，这种高效球的出现，击球员能够发挥得特好，乃是由于诸多因素综合作用而形成的：（1）击球员具有过硬的技能技巧，能够适应球势需要，运用好过门、擦边、闪带、闪送、双杆、到位、撞柱等各种不同手段；（2）击球员具有稳定的心理素质，能够起到保证作用；（3）指挥员具有敏捷的思路，能够适时地作出高超的指挥、引导。指挥员与击球员配合协调、默契；（4）击球员适应场地。场上的球势良好，在客观上为执杆球提供了

创造高效球的客观条件。以上这几点也就是谋求提高在同一次执杆击球过程中效果的基本途径。

下面再举个赛例，作一具体说明：请看图 11，现在轮到 8 号击球员执杆。依据场上现有球势，指挥员立意，要求 8 号击球员在一次执杆过程中，陆续吃掉对方的五个球。指挥员认为 8 号击球员基本功过硬，闪带能力强，临场发挥又好，是完全可以做到的，具有成功的把握。球势的有利条件是，⑧号球还没有过三门，拥有三门后的控制权，而⑨号球又在⑧号球附近，借着撞击⑨号球之后，用⑨号球将①号球从靠近边线处闪挤到界内来，落位到三门前右侧。这是关键的一步，也是衡量击球员的基本功是否过硬、技艺是否高超的所在。这一步成功之后，⑧号球便撞击①号

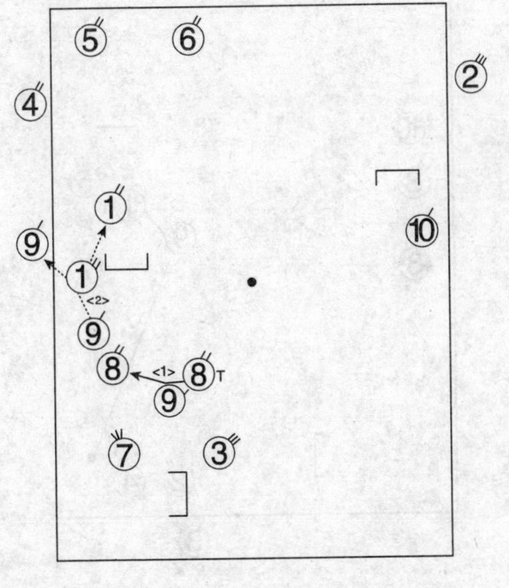

图 11

球，到三门前（让①号球起个接应作用），用①号球闪带位于四角的⑤号球，使①、⑤号球双双出界，然后⑧号球再借着该过三门这一有利条件，过三门之后，落位到③号球附近，用③号球将⑦号球闪带出界，这样就达到了预想目的，吃掉对方的五个球，获得大清洗的赫赫战果。

150. 当己方球出现险情时，该怎么办？

在比赛中，己方球出现险情，是常有的事，这时，最重要的是应该保持沉着冷静，寻找有利条件，谋求把险情消灭在萌芽之中，化险为夷。现举一实例，看红方是怎样排除险情的。场上的球势，见图 12 该由 1 号执杆。纵观球势，②、④两个球靠近边线拉手结组，

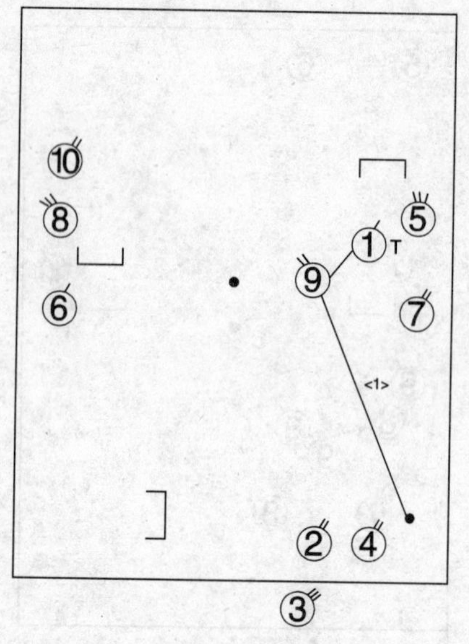

图 12

③号球处于界外，当①号球执杆之后，红方的灭顶之灾即将来临。是否能够化险为夷，起决定性作用的就在于①号球，设法把②、④两个球吃掉（哪怕是仅把④号球吃掉，其危险性最低也会减少一半）。

比赛中，当出现危机时，谋求化险为夷的一般做法，有这样几个：积极防御，将己方球分散开来，争取把损失减少到最低程度，留下力量，以求东山再起；有可能时相应地给对方造成难点。例如，派遣己方一个先手球，去看守对方球，牵着对方鼻子走，形成一还一报的局面；直接将对方危险球撞顶出界；有条件时，运用擦边技能，奔袭危险球，消灭之；运用闪带、闪顶技能（包括用己方友球）吃掉危险球。

红方指挥员根据球势位置的难易、得失，从全局权衡，便毅然放弃①号球过二门得分，放弃疏散己方球（由于⑤、⑦号球接近边线，①号球撞击有一定难度，搞不好则失去①号球擦边⑨号球的良机），便放弃派遣己方⑤号先手球去镇守、盯逼对方球（虽然①号球撞击⑤号球后，可以派送给⑥、⑧、⑩号球，但不清除②、④两个球，对方仍然可以反破坏。②号球派送④号球，可以吃掉⑤号球，然后④号球撞击⑥号球。⑥号球成为王牌球，红方仍然要遭到全歼），决定由①号球抓住与⑨号球具有的良好角度，擦边⑨号球，奔向④、②号两个球。落位如果不理想时，可以用⑨号球，闪带④号球出界，还可以用自球直接将④号球顶出界外。结果，擦边后，①号球落位较好，距④号球仅有 2 米远，顺利地吃掉了④号球，又撞击②号球，

并以②号球将⑥号球闪带出界。骤然间，①号这一连串的擦边、撞击、闪带，使全场局势发生正反性变化，红方化险为夷。

151. 如何抓住战机扭转局势?

有这样一个赛例：比赛时间已经过半，红方球全部过三门，而白方球尚没有过二门的，双方比分相差10分（15:5），而这时轮到8号执杆，借着过门的有利条件，然后冲向聚堆球，将红方球全部吃掉，分别闪送到界外，一举扭转了乾坤，取得了最后胜利。

场上球势如图13，白方运用高效战术，采取抢时间、集体过门的打法，结果仅用一轮，就全部通过二、三门，最后达到满堂红，提前结束比赛。

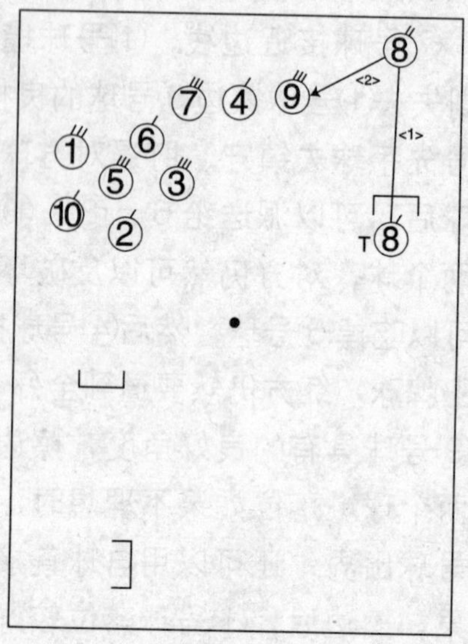

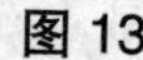

图13

具体做法：8号执杆击球过二门时，就想到了球过门后，要续击聚堆球。因此，注意到了球的落位。8号从击中⑨号球开始，陆续将五个红球吃掉，将己方四个友球闪送到二门前，然后自球打到二门后。⑨号球进场压线。10号执杆，将②、④、⑥三个友球，闪送过二门，并且落位较为接近，自球也过二门，然后奔向三门前。①号球进场压线。2号执杆，撞击④、⑥、⑧号三个友球，并从二门后，闪送到三门前，自球也靠向三门。③号进场压线。4号执杆，在三门前撞击⑥、⑧、⑩、②号球，并闪送过三门，自球过三门，到终点柱附近。⑤号进场压线。6号执杆，撞击⑧、⑩、②号友球，并闪送到终点柱附近，自球也去终点柱附近。⑦号进场压线。8号执杆，撞击、闪送⑩、②、④、⑥号球夺标，自球夺标。

这场比赛结束后，白队在总结经验时，还提出另一种同样可以取胜的设想。

他们的设想是运用个个过门打双杆的打法，并巧妙地处理⑧号球。即⑧号将⑩号球闪送到二门前，将②、④、⑥号球闪送到二门后做靶球，自球也到二门后，用四个球给⑩号球充当靶球，保⑩号球打成过门双杆。⑨号进场压线。10号执杆，自球过二门，打成双杆。先保留双杆，用一杆续击②号球，闪送到二门前，再分别用续击的一杆，将⑧、⑥、④号球闪送到二门后，充当②号球的靶球。然后，自球用双杆，到三门前过三门，过门后再返回二门后，也是充当靶球。①号进场压线。2号执杆过二门打双杆，用续击一杆

撞击④号球，然后闪送到二门前，撞击⑧号球，闪送到三门前，留下⑥、⑩号球，在二门后充当靶球。自球用双杆过三门，然后打回到二门后，也充当靶球。③号进场压线。4号执杆过二门，并撞上一个友球，获双杆。用续击一杆，撞击⑥号球，闪送到二门前。留下⑩，②号球充当⑥号球的靶球。④号自球运用两杆，第一杆到三门前，先闪送⑧号球过三门，自球过三门，视⑥号球与门后⑩、②号靶球对应情况，是否需要补充，如果需要，可以再打回到二门后，或到二门前，给⑥号球调位。如果不需要，则可以直接打到终点柱附近。⑤号进场压线。6号执杆，过二门打双杆，用续击的一杆，撞击②、⑩以及④号球，并闪送到终点柱附近，自球再运用两杆，第一杆到三门前，第二杆过三门，然后撞击处在三门后的⑧号球，闪送到终点柱附近，自球也跟过去。⑦号进场压线。8号执杆，分别撞击处在终点柱附近的⑩、②、④、⑥四个友球夺标，最后自球夺标。

综合上述所介绍的两种打法，不论是采取集体过门，还是设想的逐个连续打双杆，能否成功，关键是在于击球员能够做到杆杆不失误，具有过硬的基本功作保证。撞击准确，击球、闪送球都能到位，落位点理想，善于打过门双杆球，善于闪送球过门，否则就要落空，做不到五个球提前夺标。一旦出现滞后球，谁胜谁负就很难说了。

152. 试问轮及1号执杆，②号球处于界外，①、③号球处在二门前，都是该过二门，运用什么打法能够做到3号执杆时，①、③号两个球既过了二门又能过了三门?

必须应用门后擦边技术，即①号自行过二门后，在二门后给③号球摆一个过二门后，擦边①号球，奔向三门的角度（不可摆双杆），这样，就有条件由③号球先闪送①号球过三门，然后③号球再过三门，见图14。

这是一种高效打法，能否成功，取决于①号球给③号球所摆的擦边角度理想以及3号击球员的擦边能

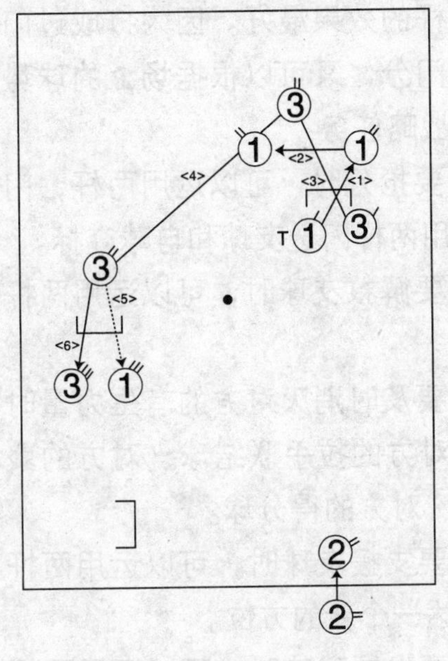

图14

力。只有自球过二门后，落位较好，巧借擦边之机，将自球再落位到三门前，才能达到目的。

这种打法也适用于主击球过三门，擦边门后的一个他球，奔向终点柱，一举夺标。

153. 在二门或三门前，当己方撞击到一个邻近下手该过这个门的友球时，是闪送过门好，还是留在门前让它打个过门双杆好？

这要看有没有安全条件和要从比赛时间还有多少来考虑。战术上的灵活性，也就表现在这里。如果安全条件好，不受对方的威胁，如果不是比赛时间即将结束，还有下手友球击球过门时间，肯定地说，还是打个过门双杆的效果最好。因为打成过门双杆后，既可以得了过门分，又可以根据场上的球势需要，运用两杆，完成战略任务：

（1）需要抢分时，可以运用两杆，闪送友球过下一个门，运用两杆闪送友球和自球夺标。

（2）需要解救友球时，可以运用两杆吃掉对方的危险球。

（3）需要及时消灭对方的有生力量时，可以运用两杆，吃掉对方的拉手联结球、对方的聚堆群球、对方的保护球、对方的得分球。

（4）需要支援友球时，可以运用两杆，取回送走某个友球到达一个新的方位。

（5）需要发展球势时，可以运用两杆，给友球再次配置双杆。

154. 在己方球势出现燃眉之急的情况下，可否用己方友球将对方球闪带出界？

可以，但必须具有三个条件：（1）在闪带之后，附近能保存一个己方的远号球，能够接收因闪带而出界的己方球；（2）这个己方远号球又不受对方球的威胁；（3）有闪带对方球成功的把握，定能闪带出界，而不至于友球出界，对方球却没出界。只要具有这三个条件，即便己方友球与之同归于尽，也不必为此觉得可惜。因为从形式上看，己方友球跟着一同出界了，但实际上，等于没出界一样，因为在界内附近还有远号友球，可以接纳出界的友球。

现举一实例加以说明。见图 15 轮及 1 号执杆，比赛时间还有 8 分钟，双方比分为 11（红）：10

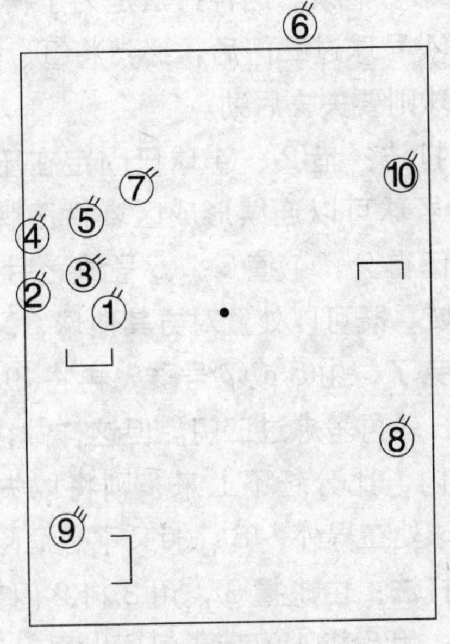

图 15

（白），面对这种球势，该采取哪一种打法为好呢？

第一种打法：由①处理②。①号球可以回头先撞击③号球，闪送给④号球或⑤号球，然后①号球可以过三门后，再撞顶②号球，将②号球顶出界，也可以不过三门就直接将②号球顶出界外。因为，轻沾难度较大，一旦失误，没沾中，自球反而出界，将②号球留在界内，其后果就不堪设想了。进而，由③号球处理④号球，可以用⑤号球撞顶④号球出界，也可以用自球将④号球顶出界。这种打法的弊端是，②、④号球都是先手球，出界后，随后就要打回界内，或者仍然压到原边线上，给下一轮留下难点。

第二种打法：由①号球分别将③、⑤、⑦号球闪送过三门，自球也过三门，然后将自球打到安全位置，置②、④两球于不顾。这种打法是为了得分，不看后果。当②、④号球过三门后，必然将③、⑤、⑦号球吃掉，红方球则要失去后劲。

第三种打法：借②、④球已固定在压边线之机，①撞③、⑤号球可以连续形成区域性王牌球，因此，先不谋求过门得分，①撞③、⑤号球之后，将它们闪送到某一区域，既可以处置对方其他球，又可以当②、④两球执杆完了，由⑤或⑦号球，再将③、①闪送回三门前，下一轮再考虑过三门。但这样做，耽误时间，在 8 分钟之内，比分赶不上来，则将以失败而告终。况且，⑥号球处在界外，⑧、⑩又不是危险球。

第四种打法：由①撞③，用③将②闪带或闪顶出界，再撞⑤，用⑤将④闪带或闪顶出界，然后自球过

三门，过门后，打回到三门后，给⑦号球摆过门双杆，充当靶球。

综合分析上述四种类型的打法，第四种打法便是在燃眉之急的情况下，用己方③、⑤号球，分别将②、④号球闪带出界，留下远号的⑦号球在界内。按照采取哪种打法，需要因人、因时、因势的要求，比较利弊、得失，采用这种打法还是稳妥的。因为，用③、⑤号球清除②、④号球，从形式上看，是③、⑤号球也随同②、④号球出界，但随后就可以打入界内，有⑦号球在界内等待接纳，由⑦号球可以照样闪送③、⑤号球过三门，一点儿不耽误得分。又加上，⑥号球处在界外，具有安全条件作保证。⑦号自球过门打双杆，用两杆再去吃掉⑧号球，也不为晚，而这时的双方比分，却由 11:10，变为 15:10，三门的控制权，通过⑨号球调整己方球的球位，②、④号球虽然已经进场压线，但仍可以派遣①号、③号等先手球看守，再经过一个轮回，比赛时间也就结束了，可以说，这样做，红方已是稳操胜券。

155. 如何协助己方滞后球，把比分迅速赶上来?

所谓滞后球，就是己方其他友球已经过了二门，甚至过了三门，而另有某一个球连二门还没有过，形成滞后。它影响比分，拖后腿，五个球不能并驾齐驱，给联合行动造成困难。在比赛中，出现这种情况也是常有的事儿。要解决某球的滞后问题，需要顺势而行，不能操之过急。如果由滞后球自己执杆，打到某个门

前，一球孤立，等待下一轮时，再自行击球过门，这种办法是很不妙的，往往不易成功，要被对方球吃掉。而且，这个滞后球一旦成为己方球的保护球时，由于脱离群体，失去保护作用，则更坑害其他友球，让对方王牌球有隙可乘，大开杀戒。

比较切实可行的协助滞后球，过门得分的方法是：

（1）由己方上位球闪送滞后的下位友球到门前，只要不受对方中间球的威胁就可以成功。例如，①、⑤、⑦、⑨号球都已过完三门，而③号球还没有过二门，轮及1号执杆，正好击中③号球，对方的中间球②号又处在界外或处在场内的另一个区域，对③号球等己方球都没有威胁，①号就可以把③号球闪送到二门前。当②号击球结束，③号就可以稳稳当当地击自球过二门，然后靠向其他友球。

（2）为滞后球创造条件，形成场内平地双杆，让滞后球运用两杆过门得分。

（3）临近上位球，给滞后球接应一个较好的角度，让滞后球擦边到二门或三门前，然后续击自球过二门或三门。

（4）在具有安全条件的情况下，可以依靠友球，互为闪送、转移的方法，帮助友球连续过二、三门。

例如，图16为了协助滞后的⑩号球连续过二、三门，轮到2号执杆，②号在有利的位置形势下，稳扎稳打，先撞⑥号球，闪送到二门后，使其发挥接纳转移作用，再撞击最远号的⑩号球，将其闪送到二门前，进而撞击对己方最有威胁的③号球，以③号球为炮弹，将刚刚压线的①号球双双闪出界外，最后撞击头号大

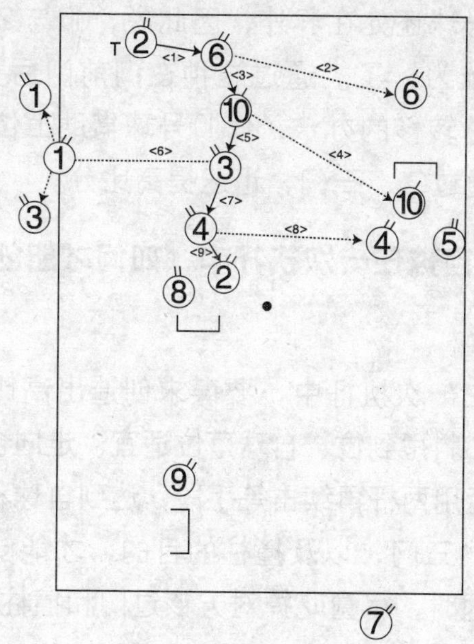

图 16

球——④号，闪送到二门前靠向⑩号球。这样，就可以由④号球将⑩号球闪送过二门，并力争落位到⑥号球附近。④号在撞击⑩号球时，在不影响闪送⑩号球过门的角度下，有意识地接近⑤号球，完成闪送⑩号球的任务后，以自球将⑤号球顶出界外，确保己方友球的安全（③、⑤号球都分别进场压线，谁也不敢靠向⑨号球，因为⑧号在三门前，该过三门）。轮及⑥号执杆时，就可以撞击⑩号球并闪送到三门前，自球也去三门前。⑦号球处在界外，打入界内。⑧号球接纳⑩、⑥、②号球，视比赛形势需要，可以闪送过三门，也可以留在三门前，⑧号自球过三门后，再把⑨号球

吃掉，①号球还处在界外，因此说，⑩与②号球就可以“为所欲为”了。通过这种在门前门后安置友球，互为闪送、转移的办法，使⑩号球借助上位友球的力量，连续通过二、三门，迅速提高比分。

156. 自球在一次执杆中，如何才能创造出高比分呢?

自球在一次执杆中，要谋求创造出高比分，需要借助擦边、斜甩到位、自球落位适宜、走向合理、打成双杆球、运用两杆再续击等手段，达到自球和闪送友球连续过二、三门，以及撞柱的目的，才能创造出高比分。与此同时，尽量吃掉对方该过门和撞柱的得分球。在无形中，这也是提高己方的比分。因为，对方本来能够得到比分的球，却没有得到比分，实际上，也等于己方球相应地增加了比分。在这里，可以向您介绍一个实例，见图17，看一看8号在一次执杆中，是怎样获得10个比分的。

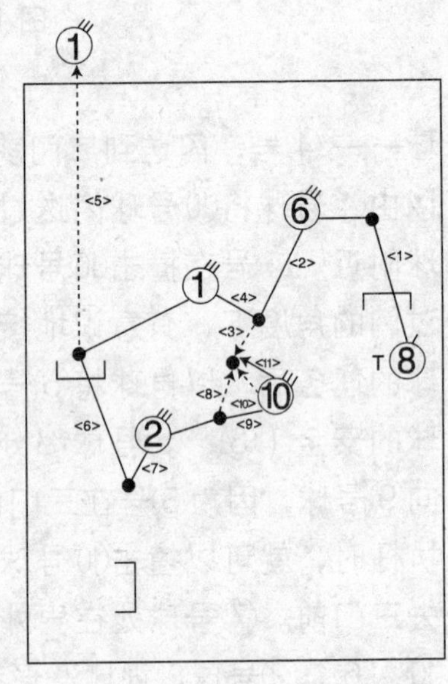

图 17

⑧号自球过二门（得 1 分），落位适宜，擦边⑥号球，奔

向终点柱（不可直接奔向三门前），将⑥号球闪送夺标（得 2 分），再擦边对方的①号球，奔向三门前（这是为了做到自球走向合理，达到多得分的目的，所以⑧将⑥夺标后没有就近撞击⑩号球，再撞击②号球闪送夺标）。⑧号自球过三门（得 1 分），落位好，先擦边②号球（落位不宜超过⑩号球），靠近⑩号球，将②号球闪送夺标（得 2 分），再擦撞⑩号球，靠近终点柱，将⑩号球闪送夺标（得 2 分），最后自行夺标（得 2 分），这样⑧号球在一次执杆中，前后加在一起，共获得了 10 个比分，又吃掉对方①号该撞柱的得分球。

157. 用对方上位球闪带处于边线的对方下位球，是否有害处?

用对方上位球闪带对方下位球，如果能准确无误地将对方下位球闪带出界，是没有什么害处的，特别是在紧急的情况下，更可以这样做。问题是如果将对方下位球，不能闪带出界，则要带来害处了。因为上位球必然是在下位球附近出界的，上位球先进场，进场即可为下位球服务（可以给下位球作出擦边角度，也可以为下位球配置双杆）。有时这正是对方所希望的。由于有下位球在场内接纳，上位球等于没出界一样。所以说，己方这样做是得不偿失的。如果己方接着还能给对方下位球派送去一个己方的上位球，看守这个对方下位球，那也就将害处化为乌有了（因为在有己方上位球看守的情况下，对方球是不敢进场为其接应或配置双杆的）。

下面介绍一个实例，说明用对方上位球，闪带处于边线附近的对方下位球的害处，见图 18。

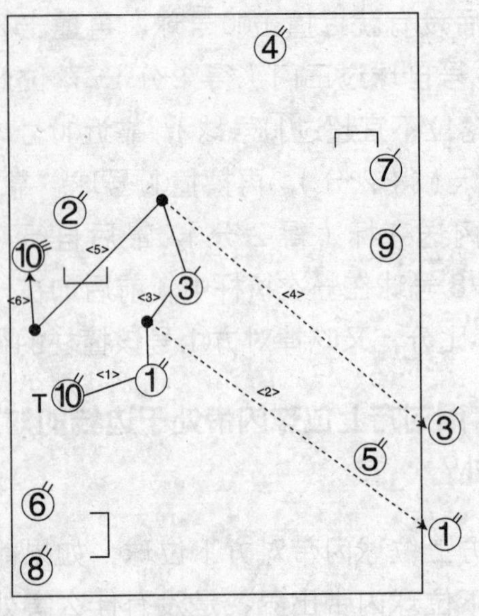

图 18

轮及 10 号执杆，由于白方急于求成，想过门得分，放松了对⑤号球的看管，使 5 号执杆时，一举扭转了红、白双方的局势。⑩号分别撞击①、③号两个球后，用其闪带⑤号球，因距离较远，均未中，埋下了祸害。⑩号自球过三门后，没有回头撞击②号球，也没有将自球打到三门后，为②号充当靶球，让②号打成双杆后，吃掉⑤号球。⑩号又没有靠向④号球，给④号一个擦边奔袭⑤号球的角度，而是靠向②号球，置自球于三门一号位。红方见到②号球难以撞到④号

球，不具备派送④号球看管⑤号球的条件，②号又没有打成双杆的可能性，所以，轮及1号执杆时，便将自球打进场内，先给⑤号球做个擦边角度。2号执杆，过三门得分回头又靠向⑩号球，没有接应④号球，让④号擦边奔向⑤号球，或者奔向二门前的⑦、⑨号两个球，这又是个失误。3号执杆，趁此机会，打进场与①号球配合，给⑤号造成双杆角度。在⑤号球已有双杆的情况下，④号球不仅不敢靠向⑩号球，就连⑥号球也不敢靠向。此时，白方已经出现了紧张势头，④号球只好一搏，远距离冲杀⑤、③、①号球，结果未中，出界。轮及5号执杆，打成双杆后，先闪送①、③号球到二门后，给⑦号球摆双杆，然后奔向三门，吃掉⑩、②号球，过三门，直奔⑥号球，撞击⑥号球，用其闪带⑧号球，双双出界，收杆时，接应⑦号球。由此，二、三门都为红方占有，形成了主动局面。由此可以看出，促成双方局势转化的前因，是在于⑩号球不应该以先手球①、③号球闪带后手球⑤号，犯了大忌，又加之没有发挥②、④号球的作用，所以酿成了被动的后果。

158. 当自球撞击一个他球后，自球与另一个未被撞击的他球相距仅有1厘米远，处在这种情况下，当自球闪击被撞击的他球时，怎样才能不触动未被撞击的他球，从而如愿完成闪击任务呢？

处在这种情况下，最为重要的是应当精心巧妙地处理好闪击被撞击的他球时，不震动，不触及未被撞

击的他球，避免出现触及静止球犯规。这可以针对被撞击的和未被撞击的两个他球是属于己方球，还是属于对方球的不同情况，采取不同的方法进行处理。

（1）如果被撞击的他球是对方球，特别又是临近的下手球时，属于必须闪击出界的球。由于怕用力大了，触动到未被撞击的他球，用力小了，将他球又没有闪击出界，所以，为了顺利地达到吃掉这个球的目的，可以分两步走：第一步，轻微用力将已被撞的他球闪出10厘米以外即可，确保不触动未被撞击的他球；第二步，再续击另一个处在附近的他球，取得闪击权后，就近以这一个他球闪带先头被撞击的他球。这另一个他球，如果是对方球时，就要找好角度（偏斜），让它们双双出界；这另一个他球，如果是己方球时，就要找好力度，正面硬顶，争取将己方球坐留在界内，而将先头被撞击的他球顶出界外。既要将先头被撞击的他球顶出界，又要将己方的这个另一他球坐留在场内，同样，也是个技巧性很强的一种打法。为了取得成功，当自球续击另一个他球时，应该有目的地作个擦边调位。找好便于闪顶的方向。

（2）如果被撞击的他球是己方球时，则要在保证不触及未被撞击的他球前提下，适当准确地用力，争取闪送到一个较为理想的方位即可以了。如果这个球的落位不够理想，正是处在危险区域之内时，则要竭力挽救，通过续击（要擦边调位）处在附近的原先未被撞击的另一个他球，用这个他球可以闪顶，或者，自球也可以直接撞击对方的危险球，争取化险为夷。

159. 在什么情况下，可以发挥闪顶技术的作用?

所谓闪顶即是利用已有的闪击权，通过闪击他球，让他球再撞顶另一个他球出界、过门或移动到一个理想的位置，而被闪击的他球，仍然为界内的有效球。

（1）**闪顶他球出界：**例如：图 19，在二门前的一号位区域内，轮及 3 号执杆，③号球撞击⑤号球后，要求击球员利用闪击⑤号球之机将正处在一号位边线的④号球顶出界外。因此击球员便需要找好角度，用力适度，使⑤号球留在界内，而④号球被顶出界。这样，③号球就可以不失去续击权，⑤号球又是有效球。③、⑤号两个球都可以过二门得分，③号、⑤号两个球又可以保持结组，孕育⑤号球，在下一轮成为王牌

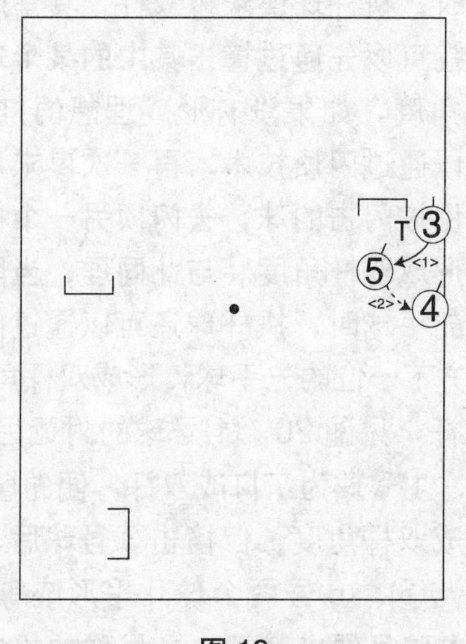

图 19

球。若不是这样发挥闪顶技术的作用，而由③号球亲自将④号球驱逐出界时，③号球则将失去续击权，欲求⑤号球与③号球在此时双双过二门，是不可能的了。因此说，以⑤号球闪顶④号球出界，是最合算的。

（2）用被闪击球将友球顶过门得分： 当需要及时抢分时，执杆球与被闪击球、他球三者角度适宜时，便可以利用被闪击的球，将他球闪顶过门得分。例如，①、②、⑥号三个球都处在三门前，轮及6号执杆，比赛时间即将结束，双方比分持平。⑥号撞击②号球后，闪送过三门未中，②号球卡在门柱旁，6号再续击①号球，用①号球将②号球闪顶过三门，①号球分溜到门的另一侧，然后⑥号自球又过三门，最后白方竟以超过红方2分的比分获胜。

（3）移动球位，谋求打双杆： 当执杆球的附近，另有三个球时，执杆球谋求打双杆，其角度不够适宜时，执杆球就可以先通过撞击其中的某个球调位，形成打双杆的角度，如果没有形成理想的打双杆角度，这时，便可以通过闪顶技术，再一次谋求形成打双杆的角度。即用被闪击的球，去闪顶另一个他球，使之移动位置，形成双杆角度。与此同理，当附近就有己方下一位的先手球时，执杆球还可以通过闪送他球调位，再为己方下一位的先手球，形成双杆角度。例如，轮及1号执杆，见图20，①号球的附近另有③、⑤、⑥号三个球，①号球为了打成双杆，便先撞击③号球，力求调位形成双杆角度，但撞击③号球后，①号球落位不理想，与⑤、⑥号两个球几乎形成等腰三角形。因此，1号击球员便借着闪击③号球的机会，用③号

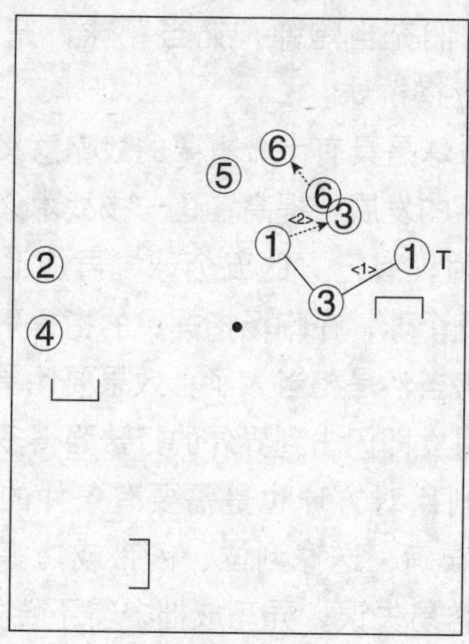

图 20

球闪顶⑥号球，让⑥号球向左方移位，靠向⑤号球，成功后，①号球便可以拥有的续击权撞击⑤、⑥号两个球，打成双杆。这时，进而又可以就近闪送⑤、⑥号两个球，形成并列的眼镜球，为己方下一位的先手球——③号球打双杆，创造条件。然后，①号球运用双杆到三门前，吃掉②、④号球。

160. 可否利用对方球？怎样利用？有哪些用法？

可以。由于门球是以球号为顺序，10 个球为一个循环周，按号轮击，执杆球停杆后，邻近的下号球即成为最大的球（必然是属于对方球），只要排除对方的这个最大的球，执杆球一方就有了安全保证。己方便可以对对方的另外四个球，加以控制，实行“敌为我

用”，利用它们充当炮弹，充当靶球，充当擦边角度球，充当接应搭桥球。

利用对方球是具有十分重要的战略意义的。随着门球技战术水平的发展、提高，这一技战术必将被各地广泛采用。因为，有己方的五个球，再加上对方的四个球，一共是九个球，在临场指挥员的指挥下，统一调配使用，其优势当然是相当大了，效果要比单一的只要撞上对方球就得立即闪击到界外的打法强得多了。

但是，利用对方球也是需要有条件的。击球员必须具备撞击准确、送球到位、闪带成功等过硬的基本功，否则，容易失误，弄巧成拙，得不偿失。因此说，利用对方球，要看击球员的基本功怎样，应当量力而行，以保准为原则，警惕偷鸡不成，反蚀一把米。利用对方球要与时间战术相结合。需要多占用时间时，可以尽量采取利用对方球的打法，需要争抢时间时，则不要采取利用对方球打法，以紧缩、节省时间。

利用对方球有以下几种用法：

（1）充当炮弹。当执杆球撞击到对方的一个远号球时，为了确保将对方的另一个球闪带出界，而己方又有一个距离该球较近的下手球时，可以将撞击到的对方这个远号球，先闪送给己方的下手球，让它充当炮弹。当轮及己方下手球执杆时，再由己方下手球，将其闪带出界。

例如图 21，10 号执杆，先撞击⑤号球，若用⑤号球自行闪带⑦号球，因距离较远，没有指定成功的把握，便将⑤号球闪送给④号球，然后续击③号球，

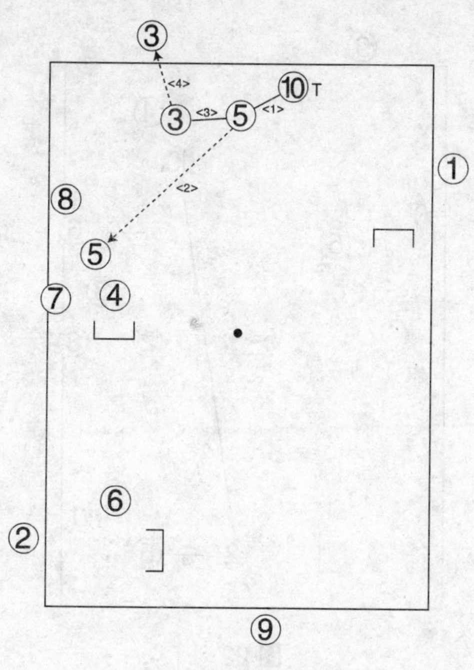

图 21

必保成功，因为，③号球是对方在场内的头号大球，只有吃掉③号球，白方采取利用对方⑤号球的打法，才会安全可行。当轮及④号执杆时，④号便以⑤号球为炮弹，就近将处在边线上的⑦号球闪带出界。再如，图 22，轮及 10 号执杆，10 号撞击⑤号球后，在指挥员授意下，竟将⑤号球闪送到三门前，靠近⑦号球，再续击②号球，闪送到二门前，其目的是让②号球吃掉③号球后，保住过二门得分，并且续击二门后的④号球，以便将④号球闪送到已去三门前的⑤号球附近，由④号以⑤号球为炮弹，将⑦号球闪带出界，10 号闪送②号球后，又将自球打到二门后为接应②号球过二

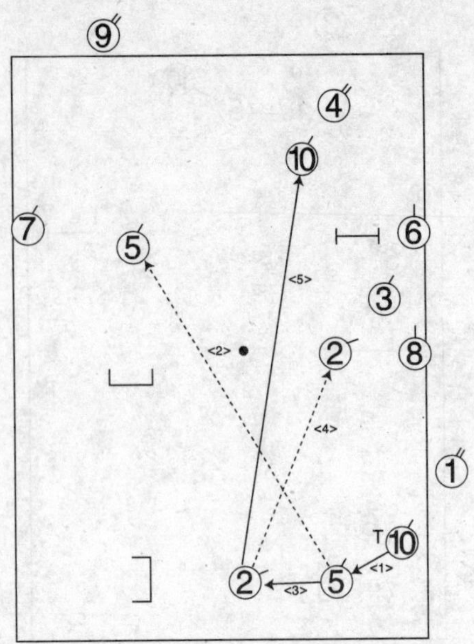

图 22

门后便于击中④号球服务。在战略战术上，指挥员采取这种大胆的举措，当然需要有击球员撞击准确、过门成功、闪送到位、闪带成功作保证才可以。

（2）**充当靶球**。在战术运用上，不论是为了形成门上双杆，还是场地双杆，常常需要利用己方友球为邻近的己方先手球配置靶球，构成双杆角度。同样道理，对于对方球，只要是属于远号球时，也可以像己方球一样，撞击后，暂时留在场内使用，用来充当靶球，不必忙于闪出界处。利用对方球充当靶球，必须注意到己方球不至于遭受到对方临近球的破坏。最为理想的安全条件是对方的上位球处在界外，或者己方有把握，能够吃掉对方的上位球。例如图 23，10

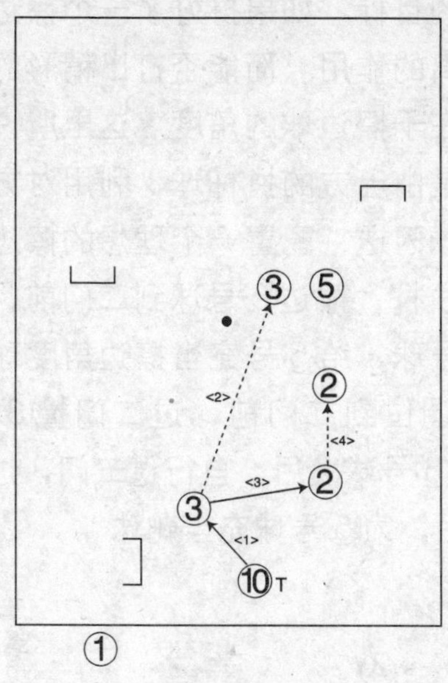

图 23

号执杆，撞③号球后，便就近将③号球与⑤号球并成眼镜球，10 号又撞击②号球，闪送到③、⑤球附近，充当箭球，让②号球打③、⑤号球的双杆。由于①号球处在界外，②号球就有了安全保证。谋求②号球打双杆，在距离、角度上，如果有困难时，⑩号球还可以给接应、调位。当②号球打成双杆后，必须将对方的临近下手③号球，闪击出界，视情况处置⑤号球，是留是去，可根据④号球的位置需要与可能而确定之。

（3）充当擦边角度球。缩短距离是门球比赛实施战略战术所要考虑的关键问题之一。双杆球之所以具有强大的威力，就在于通过第一杆击球到位后，可以

接近下一杆的目标。如果打好了一个擦边球，同样能起到缩短距离的作用。而能否打出精彩的擦边球，其先决条件是在于擦边球的角度。这里所说的充当擦边角度球，就是由己方的执杆球，利用对方球，给己方的临近下手球闪送、配置一个理想的擦边角度。例如图 24，3 号执杆，擦边⑥号球到二门前，将⑥号球闪送、靠向⑤号球，给⑤号充当擦边角度球，让⑤号球擦⑥号球边调位到二门前，过二门撞③号球打双杆（③号球闪送⑥号球之后，自行过二门，过门后，将己球摆到二门后，为⑤号球充当靶球）。

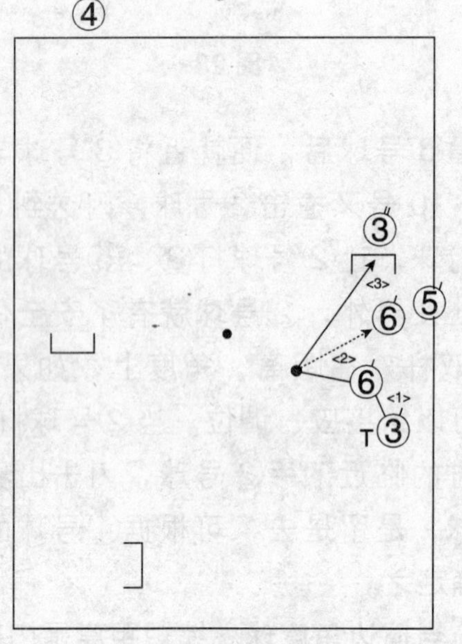

图 24

（4）**充当接应搭桥球**。接应搭桥的目的作用，也是在于缩短距离。严格地说，充当擦边角度球也是属于接应搭桥。不过，这个多半是就近处置，便于做出良好的擦边角度，而接应搭桥则多半是主击球与目标相距较远，它要求主击球发挥撞击准确的技能，利用对方的接应球，像上桥过河一样，奔向目的地。例如图 25，1 号执杆，撞击②号球，闪击出界，又撞击⑥号球，为了让③号球执杆时，能够吃掉④号球，进而过二门后，再撞击⑤号球，便将⑥号球闪送给③号球，充当第一个接应搭桥球，然后①号球又打到⑥号球与④号球中间，充当第二个接应搭桥球。这样，③号球

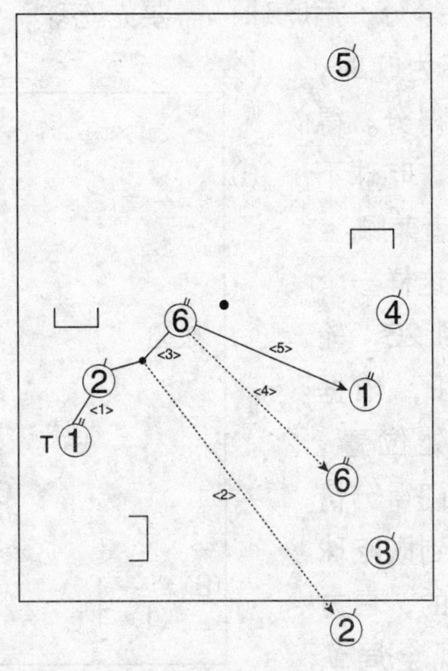

图 25

只要一杆一杆的稳打稳撞，实现指挥员的预想目的，就十分把握了。

161. 怎样做到吃球与得分相结合？

既吃球又得分是比赛场上指挥员、击球员必须随时牢记的运用各种打法的总原则、出发点和归宿点。如果能够做到这一点，也就具有取胜的把握了。要实施既吃球又得分的打法，指挥员、击球员必须默契配合，看得远一些，稳住神儿，精心策划，把握10个球的全局在胸，稳妥地安排吃球与得分的先后顺序，针对各个球所处的位置及进门得分情况，瞻前顾后，由此及彼，分步运作。可以先得分，然后也能吃掉对方球时，就先得分，后吃球；需要先吃球，然后再过门得分，也不为晚时，就先吃球后得分。得分不忘吃球，吃球不忘得分，两者兼顾。

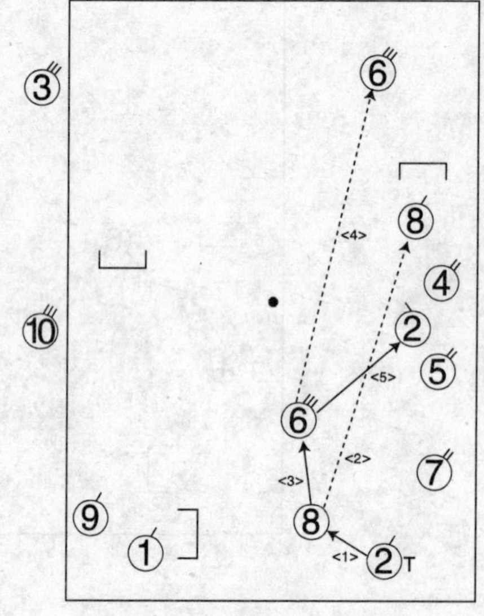

图 26

下面举这样一个实例，见图 26，轮及 2 号执杆，依据 10 个球所处位置，以及白球进门得分情况，为了达到既吃球又得分的目的，白方指挥员纵观全局认为：由于对方③号球

处在界外，2号执杆之后，己方④号球就成为在场内的头号大球，而④号又具有吃掉⑤、⑦号球的有利条件，当吃掉⑤、⑦号球后，⑥、⑧号球又成为两个头号大球。至于吃掉①、⑨号球，等待⑧号球借着过三门之机，接近①、⑨号球，那时再吃掉也不算晚。因此，在这个轮回里，白方便采取了吃球——过门——过门——吃球的行动步骤。第一步：2号撞击⑧号球，续击⑥号球，既不派遣⑧号球，也没派遣⑥号球，去吃掉①、⑨号球，认为是吃①、⑨号球的时机未到，而是将该过二门的⑧号球闪送到二门前，靠向④号球，将⑥号球闪送到二门后，以便接收⑧、②、④号球返回三门。②号自球收杆时，靠向④号球，为④号打⑤、⑦、⑧、②号球服务。③号球从界外就近压线进场。第二步，4号依据⑤、⑦、⑧、②号球所处的位置，逐个撞击。任务是吃掉⑤、⑦号两个球，将②、⑧号两个球闪送过二门，接近二门后的⑥号球。4号收杆时，接应⑥号球，保⑥号球能够击中⑧、②号球。⑤号球进场压线。第三步，6号在二门后撞击⑧、②、④号球，并闪送到三门前。⑥号收杆时，将自球直接打到三门前，接应⑧号球，保⑧号球过三门，吃掉①、⑨号球。⑦号球进场压线。第四步，⑧号撞击、闪送④号球过三门，撞击、闪送②号球留在三门前。为的是让②号过三门时，打双杆，以便吃掉已经进场压线的③号球，继续控制场上的局势。⑧号球过三门，奔向①、⑨号球，续击后，将其清出界。⑧号收杆时，靠向三门后的④号球，为②号球形成双杆服务。⑨号

球进场压线。⑩号球进场也靠向三门后的④、⑧号两个球。①号球进场压线。第五步，2 号执杆，过三门打双杆。在这一轮回里，白方以两次分别吃掉⑤、⑦两个球和①、⑨两个球。先是②、⑧两个球过了二门，然后②、⑧、④三个球又都过了三门。白方得了 5 分，双方比分由 9（红）∶10（白）变为 9（红）∶15（白）。这正是运用得分与吃球相结合打法的结果。

162. 在己方远号下手球具备了安全无患的条件时，该怎样发挥其作用？

首先介绍一下，怎样认识和理解有关远号下手球的问题。由于门球比赛的特点是按球号顺序轮流击球，在场内始终是只能有一个球号执杆。执杆时的球，便是场内的头号大球，成为王牌。但当一收杆之后，便立即降到最后，成为本轮次的最远的小号下手球。所以，大号、小号、上手、下手、近号、远号是在不断地变化，并不是固定的，都是相比较而言。例如，当 10 号执杆时，⑩号球便是场内的王牌球，属于第一位，是场内最大的球。①号球便是第二位球，属于最邻近的上手球。②号球便为第三位球……依此顺序往下排列，直到⑨号球则为第十位的最小最远的下手球。当⑩号球执杆结束，则下降为第十位，成为最小最远的下手球，而其他各球则都往前递进一位，逐渐地由远变近，由小变大，由下手变为上手。根据这一实际情况，己方远号下手球，又出现了不受对方近号上手球威胁、破坏的情况，这是难得的良机，己方必须趁

此机遇，调整、集结己方友球球位，充分发挥己方远号下手球接纳、集拢己方友球的作用，由远号下手球将前来靠拢的友球闪送过门或夺标等。

己方远号下手球能够出现不受对方上手球的破坏、威胁的时候，是不多见的，除非是对方上手球处在界外，或没有形成双杆球的条件，没有打擦边球的角度，以及远射距离较远，又没有接应球等。

审视己方远号球出现无患的情况，大致来说有两种：一种是本轮次全场性的绝对安全无患，另一种是本轮次区域性的暂短安全无患。

请看图 27，轮及 2 号执杆。②号球即为本轮次在场内的第一位头号大球，依此顺序往下排列，直到①

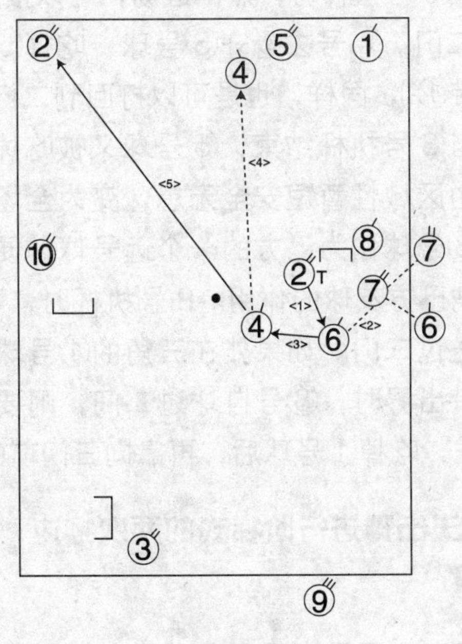

图 27

号球则为第十位的最远、最小的下手球。②号撞击⑥号球，用己方的⑥号球将对方⑦号球闪带出界，再续击④号球，闪送到⑤号球附近，然后②号自球，打到四角收杆隐蔽。②号之所以这样处理⑥、⑦、④号三个球和自球，是因为临近的对方③号大球正处在一边线、一门的附近，对三门前的⑩号球构不成威胁，有一、三门挡着，难以击中；但对二门前区域，则有一定的威胁。为了使二门前成为安全无患区域，以⑥号球闪带⑦号球，双双出界，派遣④号球看守⑤号球，这样在二门零号位仅有⑧号一个球，减少了③号球的击着面，二门前区域成为暂短性的安全无患区域。只要⑧号球安全存在，⑥号球虽然出界了，但等于没有出界。轮及6号执杆时，照样进场，可以接应⑧号球，不耽误过二门。④号去看守⑤号球，吃掉⑤号球（还可用⑤闪带①），同样，也是可以打回到二门前，靠向⑧号球。当3号执杆结束，⑤号球又被吃掉，二门前区域，便由区域性暂短安全无患，变为全场性绝对安全无患。⑧号球作为己方的一个远号球，便可以起到收拢、接纳己方友球的作用。8号执杆时，可以将④、⑥号球闪送过二门。如果处在三角的①号球，没有被⑤号球闪带出界时，⑧号自球过二门，则要有意识地奔向①号球，吃掉①号球后，再靠向三门前的⑩号球。

163. 主击球进行阶梯式的两次擦边，其成功的关键在哪里？

在比赛中，经常出现主击球进行阶梯式的两次擦边，以提高主击球最后落位的成功率。构成两次擦边的这种打法，有时是自然形成的，有时是人为制造的，给主击球配置两个接应球，逐步缩短主击球与最后落位点的距离。这种打法的成功关键在于擦边第一个接应球的力度、角度要适宜，落位要好，一定不超过第二个接应球。主击球第一次擦边后的落位点与第二个接应球，在距离与角度上，恰好与主击球最后所要到达的位置适宜。

下面例举一个实例，说明主击球是怎样通过两次擦边，获得成功，达到化险为夷，控制场上局势的目的的，见图 28。

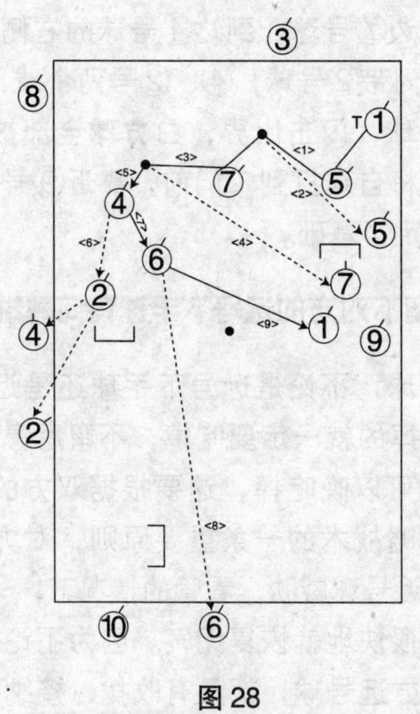

图 28

比赛时间刚过10分钟，从全场各个球所处的位置和得分情况看，都是该过二门的球，双方争斗的焦点在于抢占二门。轮及1号执杆，而⑤号球处在界外，②、④、⑥号球在三门前拉手结组，①号球如果不把②、④、⑥号球破坏了，当2号执杆时，撞击④、⑥号球后，全场的局势必定被白方所控制，红方则将转变为极大的被动。在这关系胜负的严重时刻，红方抓住战机，由1号进行阶梯式两次擦边，把攻击矛头指向②、④、⑥号三个球。第一次擦边⑤号球，落位在⑦号球之后，相距有0.5米远。执杆的①号球，第二个接应的⑦号球与谋求最后落位目标三者呈现65°角。①号将⑤号球闪送到二门零号位，靠近边线之后，继而续击、擦边⑦号球，到达④号球的右侧。通过续击④号球后，闪带②号球，④、②号两个球，双双出界，再续击⑥号球，闪击出界，白方球全部被清出场。1号收杆时，将自球打到二门前，靠近⑨号球，为红方取得胜利奠定了基础。

164. 留下对方的远号下手球有何弊端?

对对方球，不论是远号下手球还是近号上手球，凡是能够吃掉的就一定要吃掉，不留后患，当然可以早吃掉，也可以晚吃掉，这要根据双方的球势而定。这是实施战略战术的一条重要原则，对方的远号球，在己方没有近号球威胁、看管的情况下，一旦放过了，容易让对方很快地就恢复元气。因为不论是己方远号球，还是对方远号球，都具有收拢、接纳己方上位球

的作用。例如图 29，轮及 2 号执杆，此时，对方的⑨、①号两个球，分别排列为第八，第十位球，属于对方远号球。纵观双方球势，②号只有吃掉⑨、①两个球才有赢得胜利的希望。因为己方的④、⑥、⑧、⑩号球都处在界外，对⑨、①号球，没有任何威胁、看管的作用。⑨、①号两个球又隔门结组，因此说，②号球过三门后，如果落位较好，能够打成双杆，或擦边③、⑤号某个球，奔向二门，吃掉⑨、①号两个球，则为上策。在这紧急关头，2 号以③、⑤、⑦号球闪带⑨、①号球也是可以的，如果击球员闪带基本功过硬，将⑨、①号球闪带出界，则后患即为化解了。

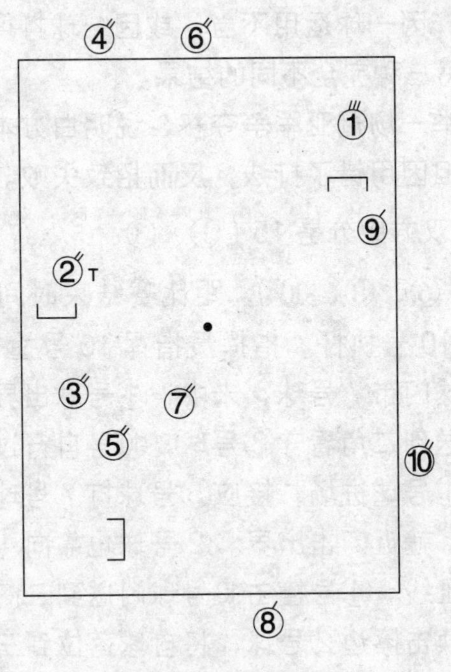

图 29

否则，白方球则不敢进入场内，只有压线，等待下一轮看球势如何，再作筹措了。至于红方③、⑤、⑦号球，虽然被②号球清出界，但有⑨号球球过二门后，撞击①号球，两个球都打到三门前，其他球照样可以打入场内，靠向⑨号球，等于没有出界。这就是留下对方远号球的弊端。

165. 同一场球，如果运用另一种打法，完全可以得出另一种结果吗?

可以。门球比赛运用哪种打法，并没有固定的模式，贵在灵活机动，随机应变。需要因人、因时、因地、因势制宜。既要大胆果断，又要细腻推敲。在关键的时候，因一球运用不当，或因一球打得奇巧，都可以得出另一种完全不同的结果。

现列举一场冠亚军争夺赛，说明白方本来可以转败为胜，但因用错了打法，反而招致失败。双方球势如图 30，双方比分是 15（①、③、⑤、⑦、⑨）:10（②、④、⑥、⑧、⑩），距比赛结束时间还有 8 分钟，该由 10 号执杆。指挥员指挥 10 号撞击①号球，并以①号球闪带⑦号球，未中，①号球出界，续击②号球，闪送到二角看守③号球，⑩号自行过三门靠向④号球。①号球进场，接应⑤号球打⑦号球。②号吃掉③号球，就近闪击出界。②号球也靠向④号球。③号球进场压线。④号撞击⑩号球闪送到三门零号位靠近边线，续击擦边②号球，将自球落位到三门后，闪送②号球到⑥号球附近，与⑥号球结组。④号自球远

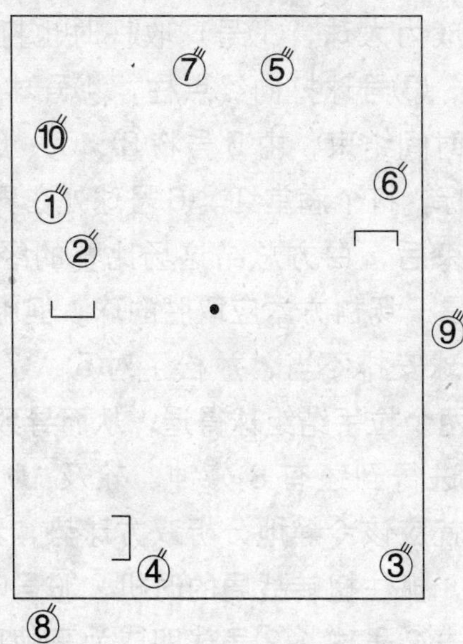

图 30

距离，续击⑤号球，未中，自球出界。⑤号球撞击①号球，闪送到⑩号球附近，又续击⑦号球，闪送到三门附近，看管⑩号球，⑤号自球收杆时，也靠向处在三门附近的⑦号球。白方为了夺取三门，⑥号从二门后擦边②号球奔向三门前的⑦号球，因用力过大自球出界。⑦号吃掉⑩号球后，撞击①号球，闪送到②号球附近，撞击⑤号球，闪送到终点柱附近，自球也靠向①号球。至此，比赛时间还有 3 分钟，白方完全失去了得分的条件，仅有一个②号球在界内，又被①号球看守着，轮及⑧、⑩两个球进场也是无济于事了。⑨号球进场，直接打到终点柱附近。①号吃掉②号球后，续击⑦号球，闪送到终点附近，由于②、④号球处在界外，

③、⑤号球成为大球，①号球收杆时也打向终点柱，②号球进场，③号球打向终点柱，④号球进场，5号执杆，比赛时间结束，由5号将③、⑦、⑨、①球夺标，自球夺标，打个满堂红。⑥号球处在界外。

比赛结束后，白方总结这场比赛的经验教训时，认识到：这是一场白方本应取胜的球。但由于⑩、②、④三个结组球安排不当，放松了对⑤、⑦球的看管，让⑤、⑦号两个拉手结组球得逞，从而导致失败。

当比赛进行到还有8分钟、轮及10号执杆时，白方指挥员就应该冷静地分析双方球势，看到有利于己方的条件，抓住扭转战局的时机，⑩号吃掉①号球之后，再撞击②号球，②号球即成为王牌球，而红方仅有③、⑤、⑦号三个球在场内，处在二角边线的③号球与⑤、⑦号两个拉手结组球相比较，对白方威胁较大的主要矛盾还是在于⑤、⑦号两个球，这是谋求取胜的攻击重点，必须设法吃掉这两个球。再者，从双方比分看，红方五个球已全过三门，只要密切控制好对方球，不给他们以撞柱得分的机会，而己方在8分钟内，只要有两个球过三门，两个球撞柱，就可以超过对方1个比分，从而获胜。这是克敌制胜的关键。

具有了这种构想之后，就应该按照这个思路，指挥、调配己方球，充分发挥⑩、②、④号三个结组球的作用。应用高效战术，乘应该过三门之机，配置双杆球，既能抢分，又能用两杆吃掉对方球。与此同时，白方严格控制时间，不给对方入场后的球留有在下一轮击球撞柱的机会，争取用最后的8分钟时间，仅仅

打一个轮次，采用时间战术，适当增加执杆击球次数，实行细瞄 8 秒击球，长线闪送对方球。

在具体打法上，最为理想的是：⑩号球撞击②号球后，将②号球留在三门前，自球续击过三门，直接奔向④号球，续击④号球，将④号球闪送到三门后，⑩号自球也再回到三门后，④、⑩号两个球，都给②号球充当靶球。②号打成双杆后，将④号球闪送到三门前，将⑩号球闪放到三门后，给④号球充当靶球，②号用两杆去吃掉③号球，②号收杆时直接去终点柱。③号球进场，轮及 4 号执杆时，打过三门双杆，将⑩号靶球闪送给①号球，看守。④号用两杆吃掉⑤、⑦号两个球后，也到终点柱（这时，要视比赛时间还有多少，预计轮到②号执杆时间是宽裕还是紧迫，量时定杆，如果时间宽裕，④号闪送⑩号球以及④号自球都可以先到⑥号球处，由⑥号球撞击后再闪送分配，以此占用时间。）⑤号球进场，轮及⑥号执杆时，谁胜谁负的眉目就能看清楚了，红方的⑦、⑨号球都处在界外，⑩、②、④号三个球都过了三门，又是场内的大球，具备了夺标的条件，即或仅有一个球夺标，比分虽然相同，也为获胜，胜在有个夺标球。由白方夺冠已成定局。

166. 为什么必须体现以破坏对方为主的战术原则？

门球每一场比赛过程都是双方球互为拼杀的过程。己方只有破坏了对方的战术布置，吃掉了对方球，对方才会陷入被动，难以进门得分，才会失去对己方的

威胁，从而使己方具有进门得分取胜的宽松条件。因此说，在比赛中必须体现以破坏对方为主的战术原则，切忌不可因小利，急于得分而失掉大局，把宽松条件留给对方，让对方形成主动攻势。

当然，在比赛胜负即将见分晓，只要己方得分即为获胜的情况下，放弃吃杀对方球，对方也不能翻转失败的局势时，还是要抢分保胜的。如果这时仍然坚持破坏对方，就没有必要了。因为破坏对方球，也是为了获取最后胜利。

下面列举一个实例，加以具体说明。双方球势，请看图 31。轮及 2 号执杆，③号球处在界外，比赛刚进入第三轮。②号球在三门一号位的界外，借着靠近

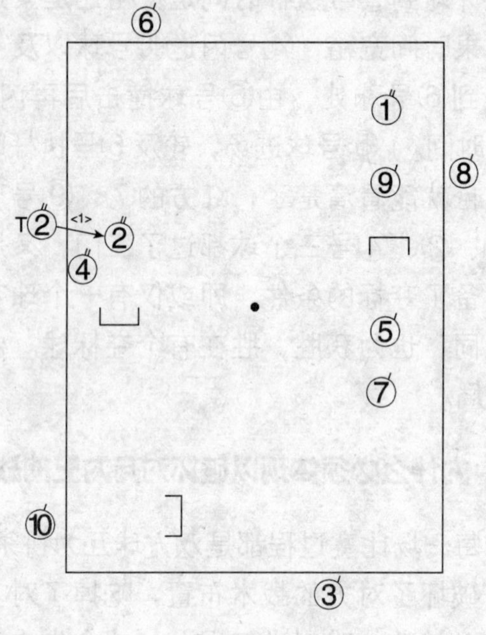

图 31

④号球的有利条件，将自球打入界内，给④号球作个便于擦向二门对方球群的角度。其用意是，暂时放弃②、④号两个球过三门的机会，竭尽全力让④号球擦向二门附近，争取吃掉对方的⑦、⑤、⑨、①号四个球。从球势看，由于⑥、⑧、⑩号三个球都处在界外，而⑦、⑤、⑨、①号球又都拉手联结，⑤、⑦、⑨号球还可以打成过二门双杆，红方既能连续得分，又能控制全场局势，这正是关系到谁胜谁负的时刻。因此说，白方这一举措是完全正确的。抓住了战机，体现了以破坏对方为主的战术原则。设想，如果④号这一举措成功，全场局势就将完全被白方所控制，到那时，⑥、⑧、⑩、②、④号球可以过二门、过三门了，比分必将超过对方，球势压住对方。可以说，由于④号球在关键时刻，大杀对方球，便可以为己方取得最后胜利打下良好的基础。

167. 后拖时间可以采取哪些手段？

门球比赛的时间性要求很强，规定击球员执杆时，必须在10秒钟以内，将球击出，超过10秒时，即为逾时犯规。这就极大地控制了执杆击球时间。当比赛根据双方比分和比赛时间的需要，应该采用时间战术，准备后拖时间时，必须充分考虑这一规定，在“竞赛规则”允许的情况下进行，做到合情合理。只能让他人有感觉，但提不出意见来，同时，在体育道德方面，也使之无可非议才行。

可以采取下列一些手段：

（1）多击球。包括对方球在内，由己方上手球将下手球都闪留给己方待杆球，逐个打一遍，增加击球次数，以占用时间。除非是对方的临近下手球，必须及时闪击出界以外，其余各球都留下来撞击。

（2）8秒击球。控制瞄准出杆时间，当裁判员通知“8秒”时再击球。

（3）闪击他球出界时，往远方边线处闪击，使其滚动占用时间。

（4）创造双杆或多杆，增加击球次数。

168. 前抢时间可以采取哪些手段？

前抢比赛时间是运用时间战术的一种方法，主要是在比赛时间已经不多，而又要抢分取胜的情况下，所采取的一种打法。

可以采取下列一些手段：

（1）及时入场。击球员提前做好准备，当裁判员呼叫后，立即跑步入场。

（2）尽快击球。迅速握杆、瞄准，抓紧时间击球。

（3）远距离撞击他球时，跑步跟球，成功时迅速拿球，准备、利落地完成闪击动作。

（4）轻击一下球。为了节省时间，不想击球时，由于取消了可以“放弃”的规定，只好迅速轻击一下球，使其略有动态，表示完成击球动作。

（5）不撞击无关紧要的他球。

（6）不搞不必要的接应，一杆到位。

169. 击球员闪送王牌球应该怎样选择落位点？

比赛中，一旦打出王牌球，总是要考虑如何发挥其高效作用，将其闪送到何处落位。根据主击球可以连续擦边的特点，就应该按照打擦边球的合理走向，决定闪送王牌球的落位点。王牌球（主击球）只有落位理想，才能为其发挥高效作用创造条件。为此，击球员必须具有过硬的闪送球到位基本功作保证，必须具有灵敏的悟性和很强的战术意识，才能心领神会指挥员的战术意图，两者默契配合。击球员宜按照主击球打擦边球、顺流而下的线路，选择上游的一端，作为击球的起始点，自觉地把王牌球闪送到源头处落位。下面介绍两个赛例，做一说明。

其一，见图 32，⑤号撞击⑦号球（⑥号球处在界外，⑦号球为全场性王牌球），将⑦号球闪送到⑩号球的上头，选择以撞击⑩号球为源头。⑦号擦边⑩号球奔向⑧号球，擦边⑧号球到三门前、过三门奔向②号球，顺流而下。如果将⑦号球直接闪送给⑧号球，⑦号吃

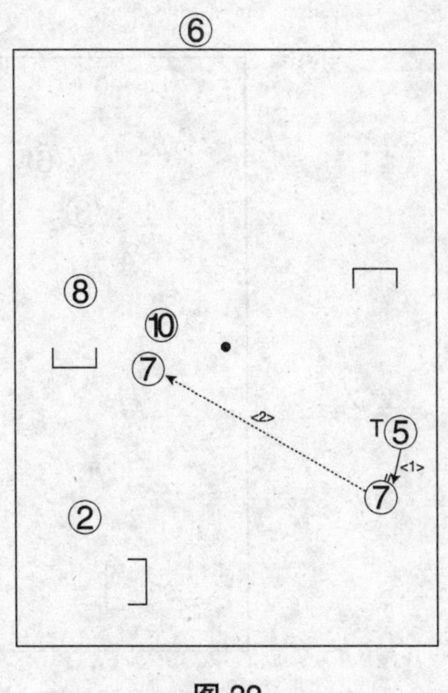

图 32

掉⑧号球后，再吃⑩号球，又过三门和吃②号球就成为两股路线了，难以达到连吃三个球又过一个门的高效目的。

其二，见图33，主击球的落位点很不理想。①号执杆撞击③号球（②号球位于一边线中间段，③号球属于区域性王牌球。受②球的威胁）。将③号球闪送到⑥、④号两个球的中间。③号若先撞击⑥号球，距离④号球就更远了，若先撞击④号球，就有可能放跑了⑥号球。如果采取补偿手段，撞击⑥号球，以⑥号球闪带④号球，或者撞击④号球，以④号球闪带⑥号球，都是自找难点，闪带成功尚好，如不成功，将④号球或⑥号球坐留在场内，则将带来后患。因此说，闪送王牌球还是落位到球群的某一端侧为佳。

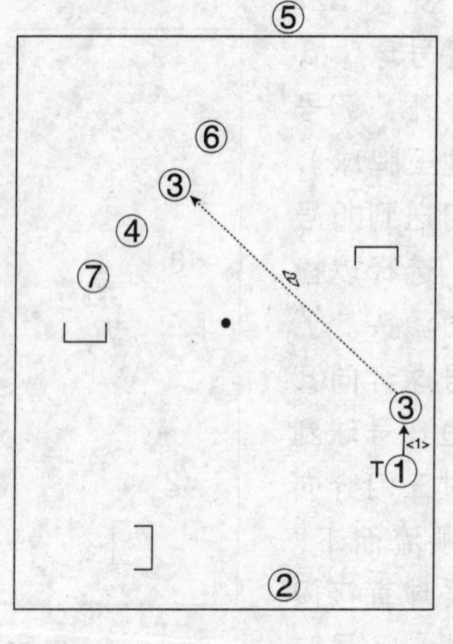

图33

170. 在什么情况下，适合打擦上顶球？

擦边球是主击球撞击被撞他球的左侧边或右侧边，使主击球分流到一个理想位置。擦上顶球不言而喻，是擦被撞他球的上顶端，使主击球直线奔向前方。

当遇到下列情况时，可以打擦上顶球。

（1）**撞柱夺标**。当主击球需要夺标时，而在主击球的正前面相距 15~40 厘米，有一个他球，与终点柱三者成一条直线，可以通过打擦上顶球的办法，主击球奔向终点柱，续击夺标（被擦上顶球如果是己方也该夺标的球，可以先闪送夺标）。

（2）**过门双杆**。在球门线上的正中间处有一个他球，主击球在其后，距离适宜，可以打擦上顶球过门，获双杆。像这样位置的球，根据实践经验，要采取打擦边或硬顶的办法，获过门双杆，是不易成功的。

（3）**奔向球群**。在主击球的正前方，有个他球，恰恰挡住了奔袭较远处的球群时，而在两个球的距离等方面又具有擦上顶的可能，可以打擦上顶球，成功后，将是硕果累累。

171. 在什么情况下，适合打跳顶球？

跳顶球即是跳过上顶的球，主击球从在正前面拦挡着的他球上顶端，腾空跳跃而过，不撞擦到前面他球。这是因为拦挡在前面的他球是主击球在这次执杆中，已经撞过的球，如果再撞击就“重复撞击犯规”了。但是，主击球还要奔向前方，所以只好打跳顶球，

使主击球跳跃腾空而过。

与打擦上顶球一样，在需要撞柱夺标、过门、奔向前方球群的情况下，都可以打这种跳顶球。它与擦上顶球所不同的是，一个是擦到他球的上顶端而过，一个是跳跃超过他球的上顶端腾空而过，直接撞柱、过门或直接跨过前面的他球而撞上另一前面的他球。

172. 比赛中，有哪些表现是属于操之过急，应该引以为戒?

打门球必须要在稳中求快，有许多赛事表明：急躁是失败的重要原因。不在极为紧要的特殊关头（例如，比赛时间仅剩最后这一杆，成功则赢，不成功则输），不能一搏了之。即或是“仅此一搏”，也必须稳住神儿，以求成功。

下面列举几个应该引以为戒的操之过急的赛例。

其一，不躲开危险球。

见图34，轮及2号执杆，从②、③、④、⑤、⑥这五个球所处的位置看，③号球是二门前这一区域的危险球。②号撞击④号球后，如果闪送

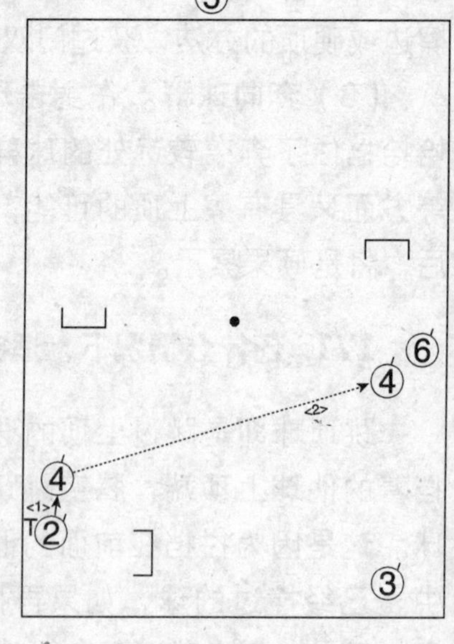

图34

到二门前，靠向⑥号球，以求④、⑥号球双双过二门，但这正是中了③号的心怀。扩大了③号球的击着面，⑥、④号球是相当危险的，一旦被③号击中后，结果白方将是“欲速则不达”。

其二，闪送成堆聚集球，扩大被击目标。

见图35，这一赛例，比前一个赛例更为严重，在三门前形成了，以⑥号球为中心的聚集球，图侥幸，撞大运，以为⑤号远距离撞击，不一定能击中，就大胆冒险，幻想⑥、⑧号球打过三门的双杆。这是赛场上的大忌。

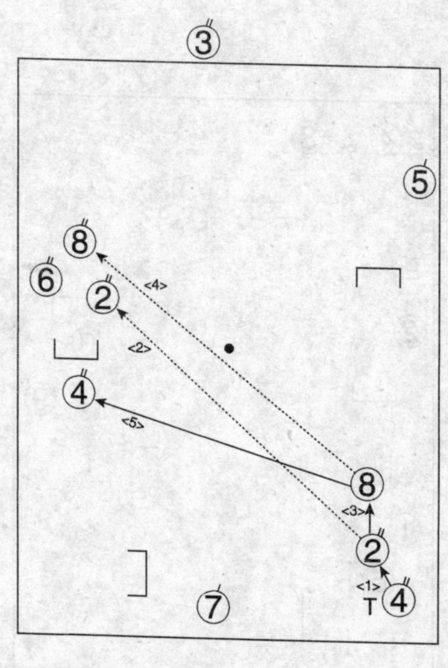

图 35

其三，抢打难度大的不为紧要的球，结果适得其反。

比赛中遇到难度大的球，是常有的事，那么是否要攻破这个难点，要看情况是否紧急，权衡利弊、得失大小，依据需要而定。切忌打无关紧要的冒险球，不计后果，不顾集体。必要时可以暂缓一杆，继续调整球位，酝酿时机。再求得手。

见图36，2号执杆过三门后，见③号球在二门前，要过二门，二门1号位又有⑨号球，便远距离撞击，结果未中，卡到二门柱上。这样一来，就让③号球打个过二门双杆。从当时双方球势看，满可以让过③号一杆，虽然说③号球过二门可以得1分，但收杆后，

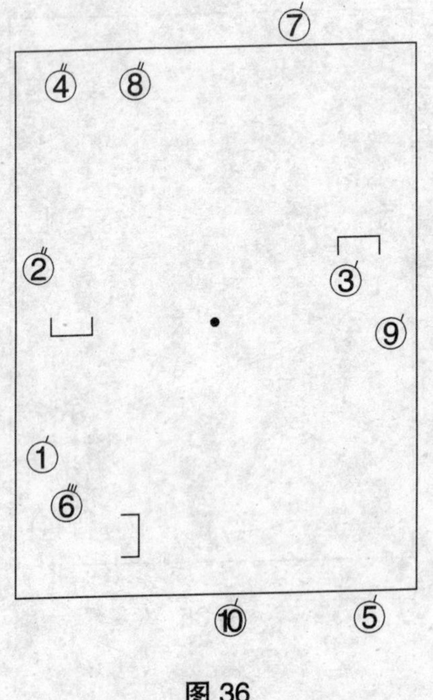

图36

便无处可逃，同时，③号球过二门后，对己方又没有威胁，属于无关紧要的球。③号打成双杆后，用两杆吃掉了④、⑧号球，大大地缓解了红方的紧张形势。

从2号执杆时双方的球势看，⑤、⑦号两个球处在界外，②号过三门后，靠近⑥号球，④号撞击⑧号球后，闪送到二门前，可以吃掉⑨号球，⑦号球从界外打入界内，又不敢靠向⑨号球。二门将由⑧号球占据。⑥号吃掉①号球，再闪送②号球看管③号球，也可以先暂时闪送给⑧号球，由⑧号球视情况，再分配。这样，白方必然继续控制全场形势，胜利在望。

其四，不急于吃球，可以打成双杆，再吃球。

双杆球在比赛中是最有实用价值的，杀伤力也最强。因此说，凡是具有打双杆条件时，都可以不急于吃球，先打双杆，用两杆再吃球，也不为晚。

见图37，这是一例能够避开操之过急的正面成功赛例。双方比分为10:11，除了⑩号球已过三门之外，其余九个球都该过三门。比赛还有10分钟，看来谁占据了三门，谁就将取得胜利。争夺三门成为争战的焦点。场上的球势是红方有三个球（⑨、③、①）在界内，白方有两个球（④、⑧）在界内。轮及4号执杆，④号撞击⑧号球后，没有闪送到⑨、③号球处，而是将⑧号球闪送到三门零号位，然后④号直冲过三门，再将自球摆到三门后，给⑧号充当靶球。轮及8号执杆时，从①号球后侧，撞击①号球调位到三门前，吃掉①号球，过三门打成双杆，将④号球闪送到三门零号位，看守三门。⑧号用两杆吃掉⑨、③号两个球，

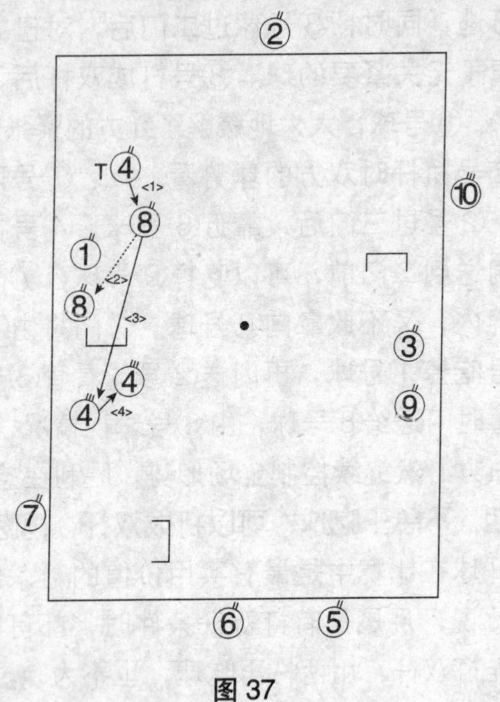

图 37

然后⑧号球将自球打向三门，靠向④号球。白方通过⑧号球，既占领了三门要隘之处，又吃掉了红方在场内的三个球。白方占据了优势。这是根据球势，稳扎稳打，分清主次、先后、轻重、缓急的结果。如果④打⑧即送去吃⑨、③两个球，而①号球据守在三门，④号球难以吃掉它。⑧号吃过⑨、③之后，也不敢返回三门，反之，⑨号球却可以从界外打回，靠向①号球，三门仍为红方把守，①、⑨号球都可以过三门。因此说，那种急于吃球的打法，不如先打双杆，后吃球效果好。

173. 对于闪带对方球，有哪些情况值得注意？

闪带对方球在比赛中是很有实用价值的，是吃掉对方球，扩大战果，卓有成效的一种战术手段。比赛中，有时出现一球扭转乾坤的局面，就是在关键时刻，把对方的某一个本来能够决定获胜的球，闪带出界，从而使对方转胜为败。但是，如果处理不当，闪带不妥当，有时也会造成后患，适得其反。因此，必须认真对待闪带对方球，绝对不能不分情况，逢球就带。

对于对方球是否需要闪带，怎样闪带，有四个因素值得考虑，起着决策性作用：一要看击球员的闪带能力，是否能够闪带成功；二要看必须性，是否必须闪带；三要看闪带球与被闪带球之间的上下位关系，在非紧急的情况下，而又没有把握时，不能以上位球闪带下位球；四要避开重要区线，尽量不将对方球从三门前至四角、二门前至二角一带重要区线闪带出线。

以上四点为决策闪带对方球时，值得考虑的因由依据。在比赛中，指挥闪带对方球时，有下列一些情况，值得注意。

（1）**避免坐留**。用对方的一个他球，闪带对方另一个处在场内的他球时，由于球与球撞击得很正，冲击力互为抵消，使闪带球坐留在场内，而坐留下来的这个球，又是先手球，这时，对己方就不利了，留下了祸害。因此说，不能用上手球闪带下手球。一旦出现坐留现象时，唯一的补救办法就是自球再撞击另一个他球，用另一个他球再把坐留在场内的球闪带出界。

为了防止将闪带球坐留在场内，视距离的可能，瞄准闪带时，可以有意识地让闪带球与被闪带球撞击点稍稍偏出一点点，这样闪带就会双双出界了。

（2）**用己方友球闪带或闪顶对方球**。当遇到对方有一个他球直接威胁己方球，必须铲除时，可以采取紧急手段，用己方友球进行闪带或闪顶对方球，达到灭敌保己的目的。例如，己方③、⑤、⑦号三个球都在三门前，而对方④号球处在三门前一号位压线，3号执杆，撞击⑤号球后，就可以用⑤号球将④号球闪带或闪顶出界。即或⑤号球与④号球同归于尽，由于⑦号球在附近，轮及5号执杆时，⑤号球即可以直接打回界内，靠向⑦号球，等于没有出界。在这种情况下，假如用③号球与④号球同归于尽，③号球则是真正地出界了，与④号球比较，少击一轮球，不够合算。

闪顶也是处置对方球的一种有效手段。当对方有球处在边线附近，在角度、距离又都比较适宜的情况下，即可运用之。这种球成功的关键在于找好力度与角度，才能保证将对方球撞顶出界，而又让友球停留在界内。

（3）**不用上位球闪带**。对对方球，特别是处在边线上的对方球，不是在紧急情况下，没有闪带成功的把握时，不宜用被闪带球的上手球闪带。如果闪带不成功，由于上手球先进场，等于没有出界，打进场内可以给拟闪带球充当接应球，或为其配置双杆球，给对方得逞创造条件。例如，⑨号球在二门前，用⑩号、②号球，连续闪带处在三门前的④号球（该过三门）。

闪带没中，结果由⑩、②号球给④号球配置个三门后双球，该过三门的⑩、②号球又都来到了三门（9 号执杆时，①、③号球都处在界外）。

（4）**尽量不从重要区段将对方球闪带出线**。对重要区段（例如二、三门的一号位前后）的球，是否需要闪带，要依据球势，周密考虑，慎重从事。因为从重要区段闪带出界的球，轮及执杆进场时，便于就近压线，能够起到占领要隘的作用。有时球出界的地方，正是这个球打回后想到的方位。

而有时从整体需要出发，这个区段的对方球又不能不闪带时，闪带成功后的补救方法便是，在这里压上己方的后手球，镇守、看管这一区段，或者有谋略地培育王牌球、擦边球，再次占领这个区段。

（5）**不需要闪带的，则不必闪带**。为了避免闪带不成功，酿成后遗症，对己方没有威胁的对方球，不是得分的对方球，不是处在重要方位的对方球，都可以不予闪带。

（6）**坚决闪带**。对关系胜负的对方球，必须不惜一切代价竭尽全力坚决闪带。对闪带不中，一旦出现的弊病，要进而设法排除。

174. 怎样选择闪送对方球出界的方向？

有人认为闪送对方球出界，从哪里出界都一样，所以总是不加考虑，愿意图省劲儿，就近闪出，哪怕是在二、三门前，一号位左右，也是如此。其实，这是忽视了对方球再次进场时，会给己方带来什么后果。

有的一场球的失败，就是由于对对方球闪出方向不当而导致的。

选择闪击对方球出界方向，基本上应该是：

（1）不从二边线、四边线闪出，因为这里直接关系二、三门的重要方位，特别是二、三门前一号位左右的重要区段。

（2）可以按对方球该进哪个门的背逆方向闪出。即该进二门的球从三边线中间段闪出（注意：不从三角一带闪出），该进三门的球从一边线中间段闪出（注意：不从一角一带闪出）。

（3）把号数相邻的球，交错开来，不往同一方向闪出，避免就近接应、集结。例如，对方①号球正在四角压线，除 10 号之外，2、4、6、8 号执杆时，都不能将⑨号球从①号球处闪送出界，以避免⑨号球给①号球接应，配制擦边球。再如，对方③号球已经处在三边线中间段的界外，便不应该将①号球或⑤号球从三边线中间段③号球附近闪送出界。因这样容易在①、③号球或③、⑤号球进场压线这一轮之后的再一轮，形成①打③或③打⑤的区域性王牌球。

（4）从能够连续吃球的线段闪出。由于边角战术的出现与发展，在竞技型正式比赛时，有裁判员执裁，受推球犯规的限制，以及不可以球从这里被闪出线而拿到另一个地方去压线的规定。所以，现在，在赛场上，常出现闪击对方球出线，选定能够连续吃球的线段。即将破撞击的对方先手球有意识地从己方处于边线附近的后手球一旁闪送出线，以便对方先手球就近

压线时，由己方正处在附近的后手球起杆，再次将其吃掉（注：采用这种打法，需要具备两个条件，才能奏效，否则达不到目的。①对方在场内已没有其他球，既或有，也是在己方球的看管、吃掉之列，对方球进场也不敢靠近、接应。②在选定的线段附近的己方球一旁，必须有己方的远号球靠近，以备将其派遣出去，跟踪追击，由线外打入场内的对方球，再一次给予撞击，闪击出线）。

175. 当比赛临近最后5分钟时，指挥员应该如何对待战局？

当比赛临近最后5分钟时，可以说全场比赛已进入到白热化的结局阶段。谁胜谁负就要在这最后5分钟决定了。此时此刻的临场指挥员必须充分利用每1秒钟巧施妙计。最为实用的则是时间战术、高效战术。越是在紧张激烈的时候，才越需要指挥员保持冷静，从容操持战局。应该说，在此时双方争斗的焦点，必然焦中到比分的高低上来。双方比分有可能是差距较大，一高一低，也可能是两者较为接近。双方指挥员都将有各自的打算，但总的来说，都是要控制对方不得分，而己方则要保持优势，扩大战果，继续得分。

下面列举三个实例，说明在结局阶段，指挥员如何运用时间战术、高效战术对待战局的。

（1）一杆到位、不吃无用球，节省时间抢得分。

见图38，双方比分为12（①、③、⑤、⑦、⑨）:9（②、④、⑥、⑧、⑩），此时比赛时间还有5

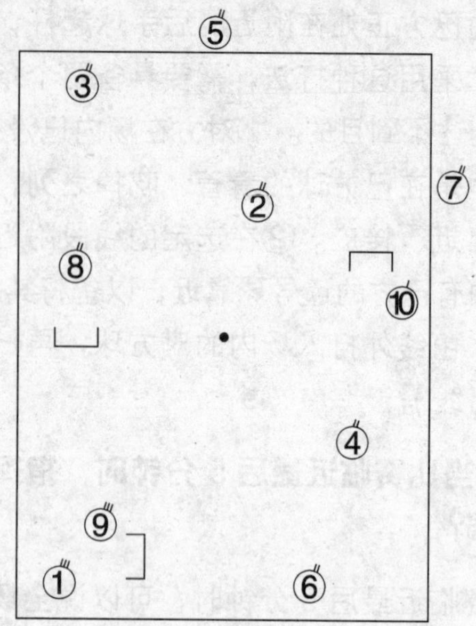

图 38

分钟，正是轮及 4 号执杆。白方指挥员立意：由 2 号帮助友球夺标。为了节省时间，利用⑤、⑦号球都在界外之机，⑨、①号球又在⑧号球控制之内，所以，④号球既没有打⑩，送⑩过二门，免去失误，影响⑩号得分时间，又没有打⑥，或接应⑥吃⑨、①球，而是一杆直接打到三门前，靠近⑧号球。⑤号球进场压线。⑥号球也是如此，直接打到三门前，靠向⑧号球，为的是由⑧号球闪送过三门，得分。⑥号若打⑨、①号球，一旦失误，即失去得分机会，况且⑨、①号球已在“瓮中”。⑦号球进场压线。⑧号将④、⑥号球闪送过三门，自球又过三门，吃⑨、带①，⑨、①双双出界，铲除了红方的两个可以夺标得分的大球，使对

方失去了继续得分的条件。⑧号将自球打向终点柱。⑩号执杆过二门，擦边②号球奔向三门，将②号球闪留在终点柱附近。因为③号球已经轮及不到执杆，成为无用的球，所以，没有用②看管③。⑩号过三门，续击⑥、④号球，闪送到终点柱②号球附近，自球也打到终点柱附近。①号球进场压线，轮及 2 号执杆，分别将⑧、④、⑩、⑥闪送夺标。此时比赛时间结束，双方比分为 22（白）:12（红）。

（2）放杆不击，按时算杆，保得分球得分。

大致来说，10 个球打一轮，需要 5~6 分钟，平均起来，每个击球员执杆一次为半分钟左右，计时表的走动是客观的，不以人的意志为转移，走 1 秒钟就是 1 秒钟，但是，比赛时间却是可以由人支配的，既能够前抢时间，也能够后拖时间。为此，在关键的时候，指挥员就需要发挥按时算杆的本领，掌握时间、控制时间、支配时间，做时间的操纵者。

如图 39，轮及 1 号执杆，比赛时间还有 3 分钟，双方比分为 9（①、③、⑤、⑦、⑨）: 11（②、④、⑥、⑧、⑩）。红方为保证在 3 分钟之内，能够轮及到 7 号执杆，便采取了放杆不击的策略。当主裁呼叫 1 号、3 号时，1、3 号击球员都是即刻用锤儿轻击一下自球，以紧缩时间，保 7 号有击球权。②打④未中，让⑤、⑦号球便有安全夺标的条件了。④号球直冲二门，又没中，主裁呼叫 5 号，5 号击中⑦号球，将⑦号球迅速闪送到终点柱附近，⑤号球也跟过去，这时比赛时间还有 30 秒。⑥号 8 秒起杆，将球打向一角

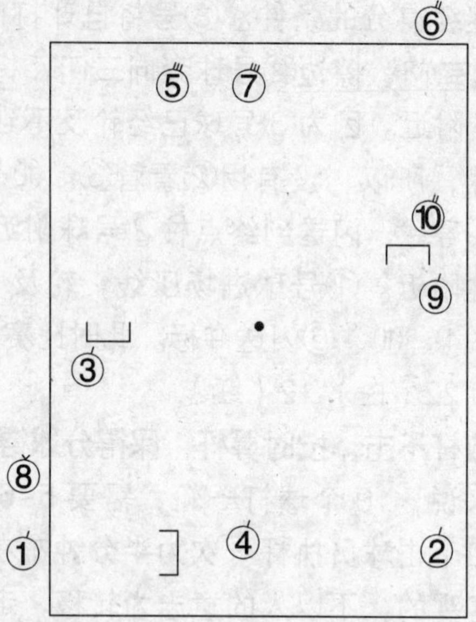

图 39

出界，比赛时间还有 15 秒。在这千钧一发之际，主裁呼叫 7 号执杆。⑤、⑦号球撞柱夺标（⑧号已夺标），最后，红方以 13:11 获胜。应该说，红方之所以能够获胜，关键还是在于①、③号快杆轻击，为⑦号球赢来了击球的宝贵时间。

（3）8 秒起杆击球，尽量多击球，多传递球，往远处长线闪送球，拖延时间，不让对方再有起杆得分的机会。

比赛时间可以由人支配控制。既然可以前抢时间，当然也可以后拖时间。当比赛到了最后的关键时刻，己方的比分已经超过对方，又没有条件继续得分时，就要以控制局势为主，拖住时间，不让对方得分。对

方少得1个比分，就等于己方增加1个比分。

后拖比赛时间，必须是在不违犯比赛规则的规定、不伤体育道德风尚的前提下，合法合理地进行。8秒起杆击球就是利用击球不超过10秒不为逾时犯规的这一规则所允许的条件而实施的，从而控制时间。多击球，多传递球就更能多占用时间，每当自球与下手球撞击、传递一个球，加起来所需时间，最低也得30秒钟。同样，长线闪送球，也是占用时间的一种手段。请看图40，轮及1号执杆，此时距离比赛结束时间还有3分钟，双方比分为11（①、③、⑤、⑦、⑨）:11（②、④、⑥、⑧、⑩）。红方指挥员认为：双方比分

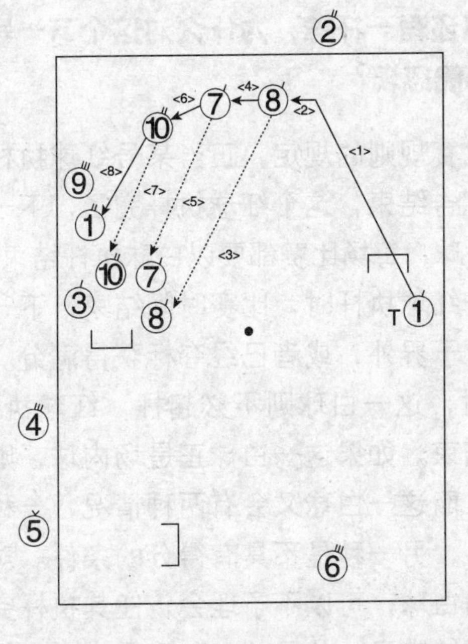

图40

虽然是持平，但己方有夺标球，只要拖住时间，不给⑥号执杆夺标机会（②号、④号球还能接应⑥号球），红方就有取胜的希望了。因此，拿定主意，发挥①、③号球通过闪送传递球，8 秒起杆击球、长线闪送的战术手段，用尽最后 3 分钟。主裁呼叫 1 号，1 号 8 秒击球过二门，又得 1 分，分别续击⑧、⑦、⑩号球，都闪送给③号球，自球也跟过去，击球用了 5 杆，闪送球用了 3 杆。②号进场接应⑥号球，用一杆。轮及 3 号执杆，比赛时间仅剩 50 秒钟，正当撞击、闪击⑩、⑦、⑧号球时，比赛时间结束了。④号为界外球，红方最后以 12:11 获胜。

176. 正当红球执杆时，比赛时间即宣告结束，而白方必然还有一杆球，为什么对这个下一号的将要执杆白球不能忽视？

按照比赛规则的规定，正当某号红球执杆时，比赛时间即宣告结束，这个红球执杆完了，下一号白球还要有一杆球，每场比赛都要以白球执杆结束而告终。

当某一红球执杆时，比赛时间结束，下一号白球有可能是处于界外，或者已经夺标获得满分。如果是这种情况时，这一白球则不必起杆，红球执杆完了，比赛自然结束。如果这一白球正是场内球，则必然要起杆击球。而这一白球又会有两种情况，一种是具有得分的条件，另一种是不具有得分的条件。对不具有得分条件的白球，可以不予理会，任其执杆完了，全场比赛即为结束了。若是前一种情况，具有得分条件

时，则必须妥善处理，务必化险为夷。特别是当比分相差无几，若让最后这一杆白球得逞，红方有可能转胜为败时，自然要竭尽一切可能，铲除这一后患，以确保己方能够获得最后胜利。赛场上也曾有过，由于一时疏忽大意，而让最后这一杆白球赢了对方，红方悔之晚矣。

下面列举一例，可以从中吸取教训，引以为戒。见图 41，此时双方比分为 13（①、③、⑤、⑦、⑨）:11（②、④、⑥、⑧、⑩），轮及 3 号执杆，主裁宣布比赛时间到。面对此种球势，红方就应该以确保取胜为前提，利用③与④距离较近的有利条件，由③将④撞顶出界，与之同归于尽，以超出 2 分而取胜就可以了。

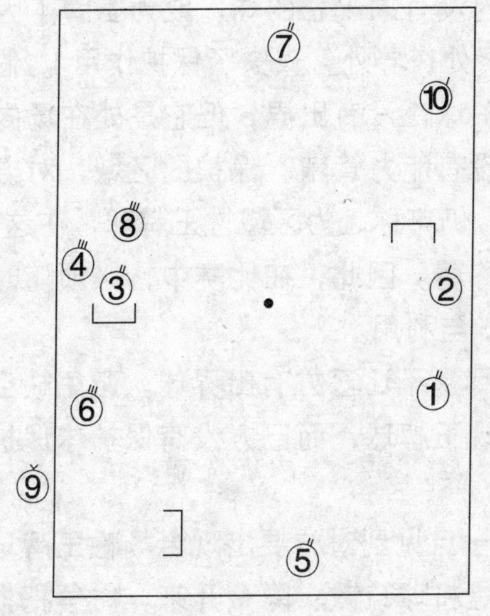

图 41

但是红方却麻痹大意，只想到"可能"，却没想到"不可能"。指挥员指令③号过三门（又得 1 分），进而续击夺标，但未中。④号当然还有一杆球。④号擦边⑧号球奔向终点柱，结果⑧、④号两个球都撞柱，连获 4 个比分，最后红方竟以 14:15 而败北。

177. 如何爱护与发挥保护球的作用?

保护球就是当对方出现王牌球时，而己方这个大于对方王牌球的球，即为己方的保护球。它能保护己方的友球，不至于被对方王牌球吃掉。例如，对方的①打③，③成为王牌球，而己方②号球，即是保护球。当②号球在此时，处在界外时，③号球则成为全场性王牌球，由 1 号可以将③号球闪送到场内的任何一个方位，场内没有大于它的球，成为王牌（因为大于③的②号球，处在界外，丧失了保护作用）。假如，己方的②号保护球，没有出界，但它是处在场内的某一方位，对它没有能力管辖、保护的区域，对方的这个③号王牌球，仍可称之为区域性王牌球，在这个区域里，可以称王称霸。因此，在比赛中，必须随时注意对保护球的保护与利用。

（1）尽量不让己方有出界球，避免缺空断档，防止对方出现王牌球，而己方没有保护球保护，遭受对方的破坏。

（2）一旦见到对方要出现全场性王牌球时，己方的上策就是将球疏散、隐蔽开来，力争把损失减少到最低程度。留下后劲儿，以求再起。

（3）见到对方要出现区域性王牌球时，己方的各个球要积极向保护球靠拢，或者将保护球闪送到己方球群，求其保护，让保护球与己方其他球拉手结组。

比赛中，有时也出现连环式的王牌球与保护球，即双方的王牌球、保护球，互为连结，套在一起，同一个球，成了既是能够杀伤对方的王牌球，又是保护己方友球的保护球。例如，⑩、②、④与①、③、⑤，分别拉手结组，若⑩打②，②成为王牌球，①则是红方的保护球。若①打③，③成为王牌球，②则是白方的保护球。若②打④，④成为王牌球，③则是红方的保护球。若③打⑤，⑤成为王牌球，④则是白方的保护球。一般说来，遇到这种连环式王牌球与保护球的出现，大多数都是要以保护球保护己方球，也有是互为交换吃球的。这要依据球势，以有利于己方为原则，酌情而定。

下面列举一例，就是在急需的情况下，打破常规，让保护球离开己方友球，不予保护，充当王牌球，去杀伤对方球，依据取胜的需要，占据重要方位。见图 42，比赛时间还有 10 分

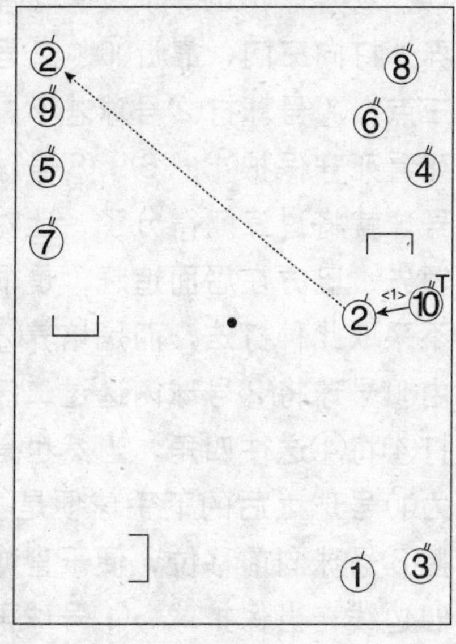

图 42

钟，轮及10号执杆，便将该过二门的②号球，闪送到四边线，靠向⑨、⑤、⑦号三个球。⑩号球也跟过去，打到三门一号位。①、③在二角拉手结组，位于三角附近的④、⑥、⑧号三个球，便失去了保护。①打③自然要闪送到三角，看管④、⑥、⑧号球。双方形成了互换吃球的局面。这种情况的出现，是由于白方根据战局的需要而引发的：第一点，按照比赛时间的需要，白方应该竭尽一切力量抢占三门，而此时①号球又正是远离三门前到四角的这一区段，难以发挥对己方友球的保护作用。②号这一区域性王牌球具备了吃掉⑨、⑤、⑦号三个球的条件，从而三门便可以归白方所有；第二点，⑩号球执杆结束之后，便立即成为最远号球，再跟到三门，既或①送③，吃掉④、⑥、⑧号球，也等于没有吃掉一样，它们可以照样从界外打向三门，靠近⑩、②号球，不耽误过三门；第三点，⑩号球打②号球若不去吃⑨、⑤、⑦号球，而死看死守保护④、⑥、⑧号球，则红方的⑨、⑤、⑦号球就将过三门得分了，让对方走在前面，比分遥遥领先，己方在后面追赶，是很被动的；第四点，若是不采取此种打法，而是培养②号球过二门打双杆，或由⑩号球将②号球闪送过二门，与④号球结组，由②打④将④送往四角，当然也是可以，但不够把握，因为⑩号球之后的下手球便是①号球，当1号执杆时，擦③号球向前移位，便于直冲二门时，将③号球闪送四边线充当保护球，①号球再冲过二门，便可以全歼白方球；第五点，再进一步从“成功与失误”的两种

可能性来考虑，如果对方3个球陆续过三门时，有的球又打成了双杆，对方不仅得3分，而己方球又将全部被歼，这场球也就输定了。所以，还是以打把握球为好，抓住战机不放，敢于突破，由⑩送②，让己方的保护球充当杀伤对方的王牌球，是最佳的选择。在比赛最后10分钟，白方赢得了全场性主动权，说明指挥员的战术意识、整体观念都是很强的。门球的战略战术的精华，也就在于灵活多变，乘机取胜。

178. 一次执杆击球，是否存在几种不同的打法？

在一次执杆击球时，有时是存在几种不同的打法，哪种打法也都有道理，指挥员就需要依据比赛的时间需要、击球员的技术水平而酌定。赛场上，常常因此而出现争论，这位说应该这么打，那位说应该那么打才对，各持己见，影响比赛，使击球员不知所措。一旦失误，对方便以此为据，把失误归罪于打法不当。其实，哪种打法都可以，只要是打得准，打成功就可以。当然，根据比赛时间和得分的需要，或者根据整体战略部署的需要和双方形势的对比，可以从中选择最佳的打法，以稳妥为上策，顾及到“可能”与“不可能”的两重性，以击球能够打成功为前提而酌情选定。

例如，从图43中的球势看，轮及1号执杆，打成双杆后，如何派遣③、⑨号球和如何使用两杆，就有两种打法：

第一种，是偏重于先吃掉对方球，占领要隘，稳

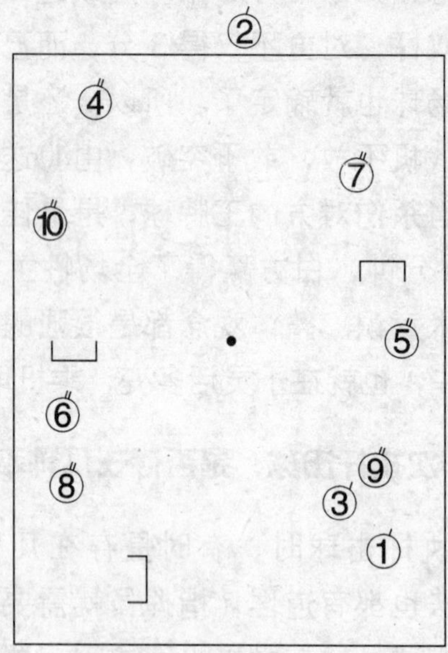

图 43

定局势，再求得分。将③号球直接派遣给④号球，将⑨号球派遣给⑩号球，①号自球用两杆吃掉⑧、⑥号两个球，然后打回到二门前靠向⑤号球。这种打法，稳妥性比较大。

第二种，是偏重于先得分，然后再吃球、控制局势。派遣③号球直接到二门前，派遣⑨号球到二门后，与⑦号球并列，给③号球充当靶球。①号自球用两杆吃掉④号球，然后，视③号球的需要，打回到二门前或二门后，力争③号球打过二门双杆。不论能打成双杆，或打不成双杆，此时，⑤号球已成为全场性王牌球，由③号球派遣到三门前，先吃掉⑩号球，过三门后，再吃掉

⑧、⑥号两个球，同样，可以达到第一种打法的目的。

从此图例，可以看出，在一次执杆中，是存在几种不同打法的，但并不是所有的每一次执杆都存在几种不同的打法，见图 44，就只有一种打法。轮及 4 号执杆，④号只有吃掉⑤号球这一种打法。比赛中，类似这样的只有一种打法，还是不少的。

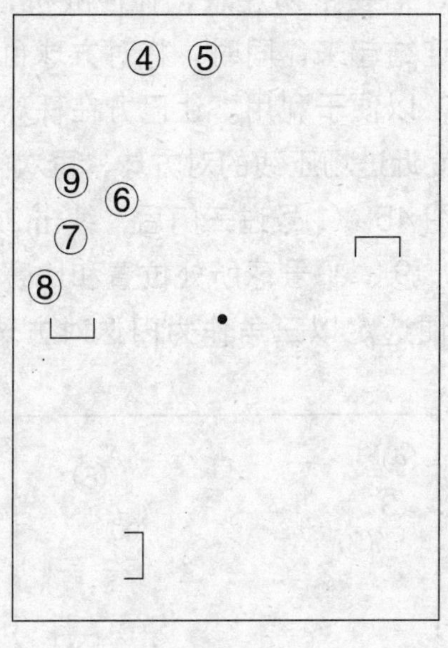

图 44

179. 采取什么手段，能够较长时间地钳制住对方球?

钳制对方球是战略战术上的一个重要内容，将对方球控制在己方势力范围之内，对方必将处于无能为力之中，难以自拔，获取主动。

钳制对方球，比较可行的手段是，采取就近定点的办法，将对方球都从同一个区段闪击到界外。再者，当对方已经采取分散压线隐蔽的时候，还可以采取派遣先手球的办法，分头追击，各个吃掉，使其没有反手之力。

（1）利用对方球，连续吃掉对方球。

比赛中，需要密切注意，抓住战机，当得手时，将己方友球连结起来，同时，将对方球也尽量归拢到己方球附近，以便于利用。让己方在杆球拿对方的球为炮弹，把就近进场压线的对方球，再次闪带到界外。

例如，图 45，①号过三门后，续击②号球。根据⑤、⑥、⑦、⑨、⑩号球所处位置和比赛时间刚刚进入第三轮，便选定以三角作为闪送对方球的出界点。

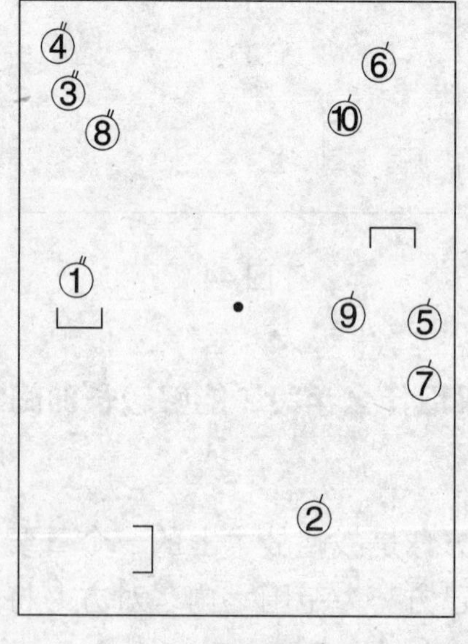

图 45

所以将②号球从⑥号球附近闪击出界，然后①号自球接应⑤号球，保⑤号球过二门后，能够吃掉⑥号球。

若②号球进场就近压线，③号撞击④号球，从闪带②号球附近出界。③号续击⑧号球，闪送到⑥号球附近，③号自球也打到⑥号球之前，目的是给⑤号球起接应作用，便于吃掉⑥号球。

若④号球进场就近压线，5 号执杆，撞击①号球调位，先将①号球接应⑦号球，然后自球过二门，分别撞击⑥、⑧号球，并以⑥、⑧号球为炮弹，将就近压线的②、④号球再一次闪带出界。留下⑩号球未动、目的是为⑦号球服务。⑤号球与③号球都在二门后接应⑦号球，保其过二门后，击中⑩号球。

若⑥号球就近压线，7 号执杆，撞击①号球调位，用①号球又接应⑨号球，⑦号球过二门后，撞击⑩号球，闪带⑥号球，⑩⑥号球双双出界。⑦、③、⑤号球都集结在二门后。若⑧号球在三角处就近压线，⑨号球撞击①号球调位，过二门打成双杆，用两杆续击权，将己方①、③、⑤、⑦号球都归拢到三门前，⑨号自球打到三门后，⑩号球进场落位到二门 1 号位。红方球继续保持拉手连结。到此，比赛该进入第四轮。对方仅有⑧、⑩号球处在界内，②、④、⑥号球两次被闪带出界，等于少打一个轮次。红方于第三轮在钳制对方球的同时，⑤、⑦、⑨号三个球又过了二门。在第四轮根据对方球已经分散靠近边线的特点，红方可以继续凭借五个球互为连结的优势，采取以三门前后为根据地，派遣先手球分头追击的办法，吃掉对方

球。在这个前提下，可以乘机过三门，继续提高比分。

（2）派遣先手球，分头追击。

派遣先手球，看守吃掉对方球是比赛中经常运用的战术手段，是钳制对方球的一个办法。但并不是都能成功的，闪送先手球的落位，距离对方球越近，对方球距离边线越远，成功性越大。反之，先手球距离对方球越远，对方球正压在边线的最近处，成功性越小。因此，运用此法，要看对方球所处的位置（即吃掉他的难易程度和是否必须吃掉）。从珍惜、保护己方球出发，酌情选定。

下面介绍一个基本上属于成功的赛例。如图46，这时比赛刚刚进入第四轮回时，红白双方的球势。

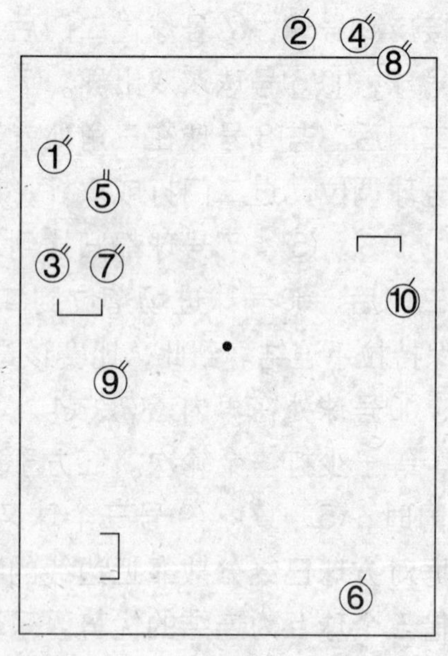

图46

由于②、④号球处在界外，先于⑥号球起杆，处在界内的有①、③、⑤、⑦、⑨号五个球，这样，就给红方留有集体过门，抢得分，进而再闪送先手球，分头追击吃掉白球的机会。1号执杆，将⑤、⑦号球闪送过三门，然后自球接应③号球过三门。若：②号球不敢将球打入场内，便就近压线。3号执杆，撞击①号球调位，将①号球先闪送给⑥号球，然后过三门，撞击、闪送⑤、⑦、⑨号三个球都到⑥号球处，③号自球也跟过去。④号球也是就近压线。由于⑥号球是在上个轮次，从三角处打入场内，现在所处位置，没有靠近边线，便于⑤号球撞击成功，撞击后仍将⑥号球向②、④号球方向闪带，出界。进而，撞击友球⑨、③、⑦、①号球，再将这四个球闪送到⑧号球处，⑤号自球也跟过去。红方采取这种由友球互为传递的打法，在客观上也发挥钳制对方球的作用。是应用时间战术，合理地占用比赛时间的表现。因为现在己方的比分，已经远远超过了对方。这样做，还有另一个好处：当待杆球轮及执杆时，可以借助擦边友球，接近对方的下一个邻号球，又可以视场内球势的需要，随时闪送友球到亟需的方位。⑥号球见⑦、⑨、③、⑤、①号球正拉手连结，便只好将自球就进压线，不敢进入场内。轮及⑦号执杆，先处理己方友球，将⑨号球闪送到⑩号球处，因距离已压线的②、④、⑥号球较近，便于闪送，便将③号球打给④号球，将⑤号球打给⑥号球，将①号球打给②号球。由于⑧号球是在上一轮就近压线的，球正在线上，难以轻贴，⑦号球为

了保护二门前的⑨号球和附近的其他友球，便采取应急措施，与之“同归于尽”。轮及⑧号执杆，将自球打向三门一号位。⑨号撞击⑩号球成功，以⑩号球闪带⑧号球，未中，⑩号球从三门一号位边线出界。⑨号收杆，将自球打向①号球。⑩号进场就近压线。到此，第四轮结束，②、④、⑥号球在三角附近的边线，分别由①、③、⑤号球看守，⑦号球处在界外，⑨号球处在①号球附近，⑧、⑩号球处在三门 1 号位。

纵观现在的球势，红方要继续保持钳制对方球，取得最后的胜利，当进入第五轮时，必须设法由①号球吃掉②号球，再将⑨号球分散到二门 1 号位，由③号球先撞击、派遣⑤号球去看守⑧、⑩号球，然后③号自球再吃掉④号球，宁可放跑了⑥号球，让他击一杆，否则，白方就有可能依靠⑧、⑩号球扭转局势了。

从上述两种钳制对方球的做法，可以总结为：（1）要钳制对方球，首先己方球必须做到拉手连结，以便能够视需要随时派遣己方先手球，看管、吃掉对方球。（2）可拿对方球当做炮弹，再次闪带效果颇好。（3）就近定点闪出对方球，其目的是便于看守，为连续闪带创造有利条件。这是对闪带对方球的常规方向的突破，是特别需要的特殊做法。击球员的撞击准确、送球到位、闪带命中、溜贴成功等基本功要好，要过硬，这是钳制对方球成功的保证。

180. 怎样识记界外球?

打比赛避免不了常有球出界，这个球何时出界的?

怎样出的界？是否已该进场压线？是否该轮击，有击球权？这些都应该准确记住，特别是作为对方队的临场指挥员更应该做到这一点，以便针对对方的界外球情况，妥善地组织己方球的攻守。在竞技性比赛场上，由于严格执行《竞赛规则》，界外球的位置，击球员不能随意移动。而在娱乐性比赛场上，由于执行《竞赛规则》不那么严格，常常是击球员不自觉，球出界后，随即将自球压到线上或者随意串动界外球的位置，因而有时就引起争论，影响团结。

球出界有两种情况：一种是被闪击出界、闪带出界；另一种是“自杀”出界，其中包括：击球从场内将自球误打到界外；因击球员犯规将球被判罚拿到界外；还有就是界外球，击球员轮及击球时，想压线没有压上，球又溜滑到界外。

怎样记住这两种界外球？方法还不完全相同。

关于被闪击、闪带球出界的，不论是被闪击直接出界，还是被闪击又带出另一个他球同时出界，都是一样，即在出界的这个轮次里，轮及执杆时就可以将球压线或打入场内，只是没有撞击他球权。例如，2号执杆时，撞击③号球后，用③号球闪带①号球，③、①两个球双双出界，就应该记住，③、①号两个球是由②号球处理出界的。在②号收杆后的这个轮次里，轮及③、①号球执杆时，可以将球打入场内或压线。仍然是在这个轮次里，当轮及⑩号执杆之后，①号不能说⑩号都击球了，该轮到我击球了。因为①号球是被②号球闪带出界的，以②号为起点的这一轮回，还

没有结束，①号球只有执杆权，没有击球权。只有在下一个轮回，由②号再执杆时，③、①号球就有击球权了，当⑩号再执杆之后，轮及①号执杆时，自然就可以击球了。

有时还出现这样的复杂情况，刚压线的球，又被闪击、闪带出界了，这时就必须改换记忆。例如，②号球将③、①号两个球闪击、闪带出界后，当轮及⑥号执杆时，⑥号又将压在边线的③号球吃掉出界。这样，就需要立即改换记忆，把思维跟上来。记住③号球是被⑥号球吃掉的，废除③号球是被②号球吃掉的过时记忆。③号球需要在以⑥号执杆为起点的这个轮回里，重新压线或打入场内，没有击球权，只有执杆权。等到⑥号再执杆后的轮回里，③号球才有击球权。

“自杀”出界时需要记住出界球的前后球的球号。例如，③号球“自杀”出界，就要记住②、④号球执杆时，③号球“自杀”出的界。等到下一轮回②号、④号执杆击球时，③号有执杆权，没有击球权，可以压线，也可以将球打入场内，再等到下一个轮回时，2号执杆之后，轮及3号执杆，③号才有击球权。

“自杀”出界与闪击出界比较，少打一轮球的原因是，“自杀”出界时的当轮，被停打了。要等到下一轮才开始压线或打入场内，第三个轮回时，才有击球权。

图书在版编目(CIP)数据

门球入门与提高180问/柳万春，吴永宏著．-北京：人民体育出版社，2006

ISBN 7-5009-2967-6

Ⅰ.门… Ⅱ.①柳… ②吴… Ⅲ.门球-基本知识-问答 Ⅳ.G849.9-44

中国版本图书馆CIP数据核字(2006)第025383号

*

人民体育出版社出版发行

北京冶金大业印刷有限公司印刷

新 华 书 店 经 销

*

850×1168 32开本 6.5印张 120千字

2006年9月第1版 2006年9月第1次印刷

印数:1—5,000册

*

ISBN 7-5009-2967-6/G·2866

定价:13.00元

社址：北京市崇文区体育馆路8号（天坛公园东门）

电话：67151482（发行部） 邮编：100061

传真：67151483 邮购：67143708

（购买本社图书，如遇有缺损页可与发行部联系）